How to fold a *ddakji*-1

딱지 접는 방법-1

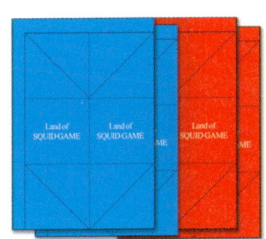

1. There are 2 blue pieces for the front of the *ddakji* and 2 red pieces for the back. The pair is a set.

1. 딱지도면은 앞쪽에 파란색상 2장, 뒷쪽에 빨간색상 2장으로 구성되어 있고, 2장이 한 세트입니다.

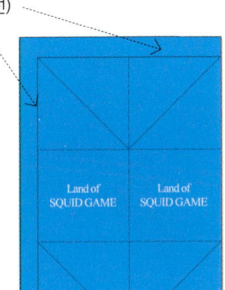

Cutting line(재단 선)

2. Cut along the cutting line with scissors or a knife.

2. 재단 선에 맞춰 가위나 칼로 잘라냅니다.

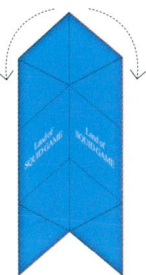

3. Place the paper so the folding line is facing towards you and fold it in half.

3. 접는 선이 표기가 되어있는 면이 보이는 상태에서 반을 접습니다.

4. Once you fold it along the diagonal folding line, it should look like the image above.
(Fold 2 pieces the same way)

4. 윗면과 아랫면에 표기되어 있는 접는 선 (사선)을 따라 접으면 이런 모양이 완성됩니다.
(2장을 동일하게 접는다.)

How to fold a *ddakji*-2
딱지 접는 방법-2

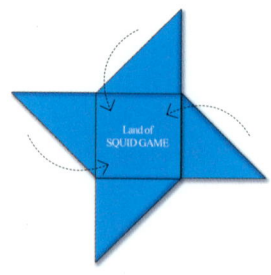

5. Cross the two pieces of paper and fold the triangular planes inwards toward the square plane.

5. 딱지 도면 두 장을 교차한 후 삼각형면들을 가운데 사각형면 쪽으로 접습니다.

6. After folding the triangular planes across each other as shown in the figure above, fold the remaining triangular plane at the bottom and insert it between the left triangle.

6. 위 그림처럼 교차해서 삼각형면을 접은 후, 하단에 나머지 삼각형면을 접어 좌측 삼각형면 사이에 끼워 넣습니다.

7. Fold the red *ddakji* following the same steps. Both *ddakjis* are complete.

7. 빨간색 딱지도 동일하게 만듭니다. 두개의 딱지 완성입니다.

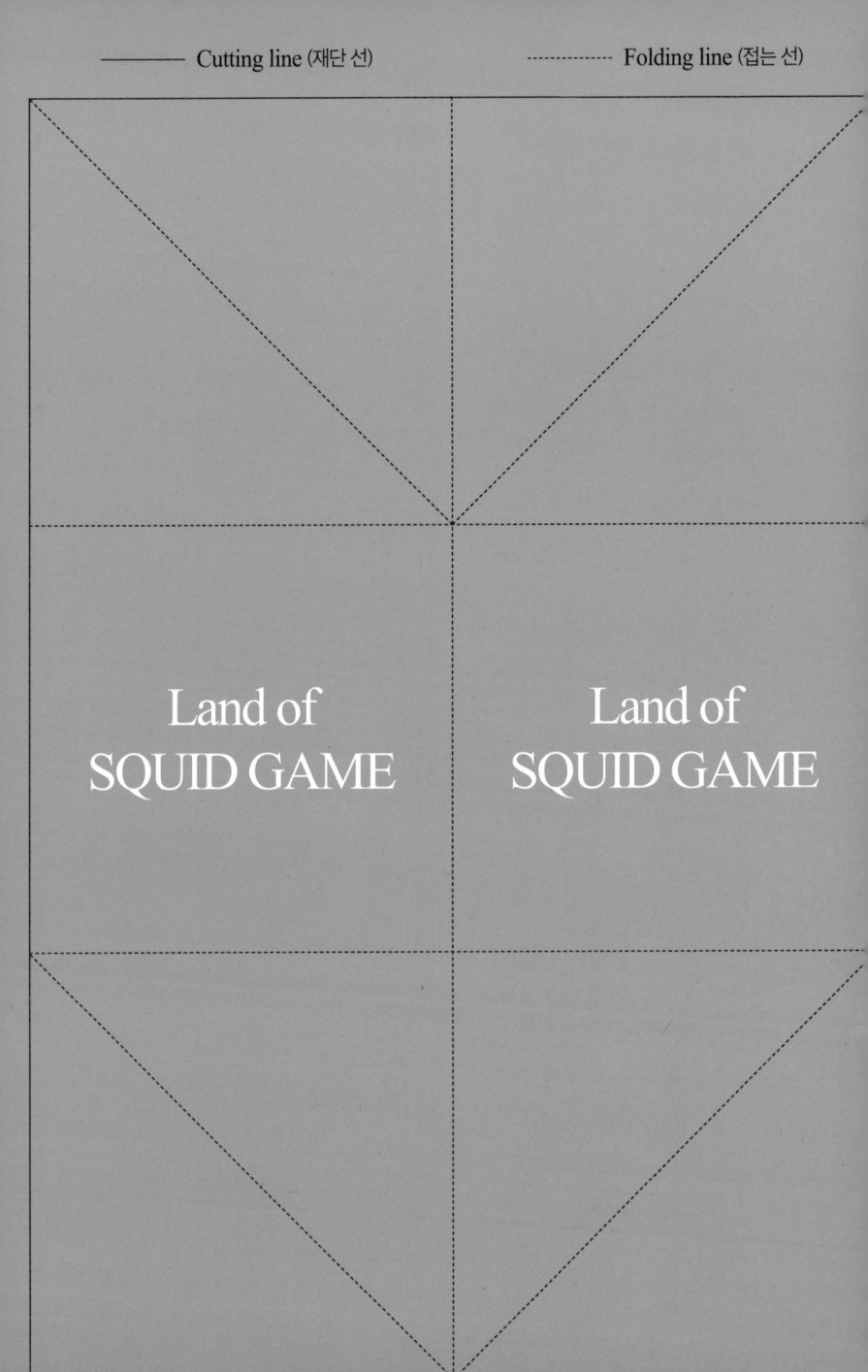

——— Cutting line (재단 선)   ············ Folding line (접는 선)

Land of
SQUID GAME

Land of
SQUID GAME

LAND OF SQUID GAME

Korean Games, Culture & Behavior
한국 전통 게임과 문화 그리고 행동

Min Byoung-chul
민병철

Preface

With the soaring popularity of Korean culture around the world, thanks to K-pop, K-dramas, K-movies, and now, in 2021, the highly watched Netflix series, *Squid Game*, many people are curious about Korea's unique culture. Some Korean words such as *Hallyu* (the Korean wave), Hanbok (Korean traditional dress), and *kimbap* (rice wrapped in seaweed) have become a part of global terminology and even made their way to the Oxford English Dictionary. This book is your all-in-one valuable resource to help you learn and understand the deep-rooted aspects of Korean culture.

To satisfy your curiosity about Korean culture, this book includes a variety of Korean traditional games, information about everyday Korean culture & behavior, and some fun facts about life on our unique peninsula.

The first part of the book lists Korean traditional games, including the ones from Squid Game that will help you understand more about Korean culture.

Koreans have enjoyed traditional games, especially from the 1960s to 1980s like *Dalgona* and Chicken Fight (keep reading to know more!). Many children still enjoy playing games like Tug-of-War, Rubber Band game (*Gomujul Nori*) and Chicken Fight. As someone who has played these games on the streets and playgrounds of Korea in my childhood, I would like to walk you through the same and help you understand the 'deep-rooted warm heartedness and affection' or *jeong* part of Korean culture that stems from some of these games.

The second part of this book, which is taken in part from my book *Ugly Koreans Ugly Americans*, will touch on many attributes of Korean culture and behaviorism. My previous book, first published in 1993, highlights the cultural and behavioral differences between Koreans and Westerners. The examples in this book come from my own personal experiences, including my time in Chicago as an ESL teacher, and traveling to many countries as well as talking with countless people, both Koreans and foreigners.

And lastly, if you are wondering about some fun facts about Korea, as in why are some Korean buildings missing the fourth floor? Why do Koreans don't write their names in red? Or why do some Korean women call their significant other *"oppa"*? (Same word for 'older brother') — I want you to stick around till the end for these staggering facts about K-land!

In closing, I would like to express my gratitude for all those who helped me in my journey of writing this book. I would like to thank Ms. Shivani Ahuja, editor-in-chief, for her remarkable contributions, Mr. Rich DeBourke for his exceptional advice throughout the project, Mr. Yi Chan-sung, Mr. Lee Jae-yel & Ms. Jeong jina for their invaluable time and feedback for this project and finally Mr. Park Eun-cheol, Ms. Moon Hosuah and Mr. Yoon Seungwook for their assistance in translation.

I hope this book helps you understand more about our culture next time you watch a K-drama or visit Korea.

Min Byoung-chul, Ed.D.

December, 2021

머리말

K-팝, K-무비, K-드라마와 2021년 넷플릭스 시리즈 '오징어 게임'으로 전 세계에 불고 있는 선풍적인 인기로 인해, 한국 고유문화에 대해 알고 싶어 하는 사람들이 늘어나고 있다. 한류, 한복, 김밥 등은 글로벌 용어가 되었으며 옥스퍼드 영어사전에도 실리게 되었다. 이 책은 한국 문화 속에 뿌리 깊게 내재되어 있는 면들을 한눈에 이해하고 배우는 데 도움을 줄 수 있는 유용한 자료가 될 것이다.

한국 문화에 대한 호기심을 충족시키기 위해서, 이 책에는 다양한 한국 전통 놀이와 더불어 한국 생활문화와 한국인들의 행동에 관한 정보, 그리고 독특한 한반도에서의 삶에 대한 몇 가지 흥미로운 사실들이 담겨있다.

책의 첫 부분에는 '오징어 게임'에 등장한 놀이들을 포함하여, 한국 문화를 이해하는 데 도움이 되는 한국 전통 놀이들이 소개되어 있다.

한국인들은 '달고나'와 닭싸움 같은 전통 놀이들 이외에도 많은 놀이들을 즐겼다. (좀 더 알고 싶다면 끝까지 읽어보시길!) 특히 1960년대부터 80년대까지, 또한 현재도 여전히 많은 아이들이 줄다리기와 고무줄놀이 같은 게임을 즐기고 있다. 나는 어린 시절 한국의 골목길과 놀이터에서 이러한 놀이들을 체험해본 경험자로서, 몇몇 게임들 속에 담겨 있는 한국 문화의 '깊은곳에서 부터 우러나오는 따뜻한 마음과 애정' 달리 표현하자면 '정'을 여러분들이 이해할 수 있도록 설명하고자 하였다.

두 번째 부분은 1993년에 초판이 발간된 필자의 저서인 Ugly Koreans Ugly Americans의 일부를 인용한 것으로서 한국 문화와 행동주의의 많은 특징들을 다루고 있다. 이 책에서는 한국인과 서양인의 문화적, 행동적 차이점에 중점을 두어 설명하였다. 여기에 소개된 사례들은 필자가 시카고에서 영어를 가르쳤을 때의 경험과, 세계 여러 나라들을 여행하면서 만난 수많은 외국인들과 한국인들과의 대화, 그리고 나 자신의 개인적인 경험에서 나온 것들이다.

마지막으로, 만일 여러분이 한국의 흥미로운 사실들에 대해 궁금하다면 예컨대, 한국의 일부 건물들에는 왜 4층이 없을까? 한국인들은 어떤 이유로 성명을 빨간색으로 쓰지 않는가? 또는 일부 한국의 젊은 여성들은 자신의 동반자를 왜 "오빠"라고 부르는 것일까? (형제인 "오빠"와 같은 뜻) 등 K-land에 대한 흥미진진한 사실들을 알고 싶다면 끝까지 읽어 주기 바란다!

마지막으로, 본서를 집필하는 여정 내내 도움을 준 모든 분들에게 감사의 마음을 전하고 싶다.

뛰어난 공헌을 한 Shivani Ahuja 편집장, 프로젝트 전반에 걸쳐 탁월한 조언을 해 준 Rich DeBourke, 소중한 시간과 이 프로젝트에 대한 피드백을 해준 이찬성 님과 이재열 님, 정진아 님, 그리고 번역에 도움을 준 박은철 님, 문호수아 님 그리고 윤승욱 님에게 감사를 표한다.

여러분들이 추후에 K-드라마를 시청하거나 한국을 방문할 때, 한국 문화를 좀 더 잘 이해하는 데 이 책이 도움이 되길 희망한다.

교육학 박사 민병철

2021년 12월

Author: Min Byoung-chul, Ed.D.
Editor In Chief: Shivani Ahuja
Advisor: Rich DeBourke
Contributors: Yi Chan-sung / Lee Jae-yel / Jeong jina
Translators: Park Eun-cheol / Moon Hosuah / Yoon Seungwook

Copyright © 2021

First Published December 2021

All Rights Reserved. No part of this book may be reproduced or utilized in any form or by any means, without written permission from the author.
For any queries or feedback, please contact below:
bcmin.assistant@gmail.com

*This book is for those who want to know more about Korea,
what Koreans do and why they do what they do.*

이 책은 한국에 대해 더 알고 싶어 하는 사람들을 위한 책이며, 한국인들이 무엇을 하는지,
그리고 그것을 어떠한 이유로 하는지에 대해 설명하고 있다.

Table of Contents

Preface	2
Korean Cultural Aspects From *SQUID GAME* 오징어 게임에 담겨 있는 한국게임 문화	20
1. We're Gganbu! 우린 깐부야!	20
2. *Kkakdugi* Culture 깍두기 문화	22
Section A: Korean Traditional Games 섹션 A: 한국 전통 놀이	24
1. Red Light, Green Light 무궁화꽃이 피었습니다	26
2. Paper Flip Game 딱지치기 게임	28
3. *Dalgona* Challenge 달고나 뽑기	30
4. Korean Tug Of War 줄다리기	32
5. Marble Game 구슬치기	34
6. *Yut Nori*, Korean Board Game 윷놀이, 한국의 보드게임	36

7. *Mang jupgi* 망 줍기	38
8. Eat The Ground 땅따먹기	40
9. *Jachigi* 자치기	42
10. *Jegichagi* 제기차기	44
11. Hitting Tombstone 비석치기	46
12. Rubber Band Game 고무줄놀이	48
13. *Gonggi* 공기놀이	50
14. Chicken Fight 닭싸움	52
15. Top-spinning 팽이치기	54
16. Kite Flying 연날리기	56
17. Handkerchief Game 수건돌리기	58
18. Piling 말뚝박기	60

19. Squid Game 오징어 게임	62

Section B: Korean Culture and Behavior 섹션 B: 한국 문화와 행동	64
1. Bowing While Greeting 고개 숙여 인사하기	66
2. Respecting The Opinion of Elders In Making Decisions 중요한 의사 결정을 할 때, 어른들의 의견을 존중한다	68
3. Respect For Ancestors 조상에 대한 존경을 표한다	70
4. Not Talking Loudly On Public Transport 대중교통을 사용할 때 큰소리로 말하지 않는다	71
5. *Jeong* Or Warm Heartedness And Thoughtfulness '정' 혹은 따뜻하고 사려 깊은 마음	72
6. *In-Jeong* Or Sympathy And Care For Others '인정' 혹은 다른 사람들을 연민하고 배려한다	74
7. Showing Utmost Respect For Elders And Seniors 연장자와 상사를 최대한 존중한다	75
8. *Nunchi* 눈치	76
9. Yin And Yang In The Korean Flag 태극기의 음양	77

10. Mysteries About Korean Language – *Hangeul* 한국어에 대한 미스터리 - '한글'	78
11. No Obligation For Tipping 팁을 주지 않는다	79
12. Helping Others In Need 어려울 때 서로 돕는다	80
13. Using Both Hands To Give Or Receive Something 물건을 주고받을 때 양손을 사용한다	82
14. Eating Seaweed Soup On Birthdays 생일날 미역국을 먹는다	83
15. Only Smiling As Greeting 인사의 표시로 미소만 짓는다	84
16. Asking People's Age Before Starting Conversation 대화를 시작하기 전에 나이를 물어본다	85
17. Living With Parents Until Married 결혼 전까지 부모와 함께 산다	86
18. Keeping The Same Family Name After Getting Married 결혼 후에도 같은 성을 유지한다	87
19. Gifting Toilet Paper/Detergent As Housewarming Presents 집들이 선물로 화장지 또는 세제를 준다	88
20. Life Prediction Ceremony On The First Birthday 돌잔치 때 인생을 예측한다	90
21. Celebrating In Days Rather Than Years 몇 년이 아닌 일 수로 기념하기	92

22. Gently Patting Others' Children 남의 아이를 부드럽게 쓰다듬는다	94
23. Being Friendly With Strangers 낯선 사람들에게 호의적이다	95
24. Bumping Into Others In Crowded Places 혼잡한 장소에서 다른 사람들과 부딪힌다	96
25. Standing Too Close 너무 가까이 서 있는다	97
26. Avoiding Eye Contact During Conversations 대화 중에 눈을 마주치지 않는다	98
27. Covering Mouths While Laughing 웃을 때 손으로 입을 가린다	100
28. Pouring Drinks For Others 다른 사람에게 술을 따라준다	101
29. Serving Food More Than Once 음식을 한 번 이상 덜어준다	102
30. Not Drinking Directly From Bottle 병에 입을 직접 대고 마시지 않는다	103
31. Waiting Until The Oldest Person Starts Eating 최연장자가 식사를 시작할 때까지 기다린다	104
32. Having More Side Dishes Than The Main Meal 메인 요리보다 더 많은 반찬	105
33. Using Both Hands To Pour Drinks 양손으로 술 따르기	106

34. Putting Food In Others Mouth 음식을 상대방의 입에 넣어 준다	107
35. Reaching Across The Table To Grab Something 식사 도중에 식탁을 가로질러 물건을 집는다	108
36. Not Eating The Last Bite Left On Plate 접시에 남은 마지막 한 입을 먹지 않는다	109
37. Waiting Until The Oldest Person Has Finished Eating Before Leaving 연장자가 식사를 마칠 때까지 기다렸다가 자리에서 일어난다	110
38. Leaving Quickly After Eating 식사 후 바로 자리에서 일어난다	111
39. Never Stick Silverware Straight Up In A Bowl Of Rice While Eating 식사할 때 절대로 밥그릇에 수저를 꽂아 두지 않는다	112
40. Drinking On Weekdays 주중에 술을 마신다	113
41. Engaging In Excessive Small Talk 장황하게 잡담을 한다	114
42. Sucking Air Between Teeth 이 사이로 공기를 빨아들인다	115
43. Saying "Our Mother"/"Our Brother" "우리 어머니" / "우리 동생" 이라고 한다	116
44. Covering Up At The Beach 해변에서 옷을 껴입는다	117

45. Refusing Gently 부드럽게 거절한다	118
46. Never Calling Each Other By Name 서로를 이름으로 부르지 않는다	119
47. Never Pointing At Others With Index Finger 검지로 상대방을 가리키지 않는다	120
48. Making Last Minute Plans 마지막 순간에 일정을 잡는다	121
49. Not Giving Opinions Until Asked 질문받기 전까지 의견을 제시하지 않는다	122
50. Doing Everything Quickly 모든 것을 빨리빨리 처리 해야 한다	123
51. Regarding Seniority More Than Achievements/Ability 성과/능력보다 연차를 더 고려한다	124
52. Greeting At Inconvenient Times 바쁜 상황에도 인사한다	125
53. Not Crossing Leg In Front Of Seniors 연장자 앞에서 다리를 꼬지 않는다	126
54. Not Crossing Arms While Talking 대화 중에 팔짱을 끼지 않는다	127
55. Not Shaking Hands With Other Hand In Pocket 주머니에 손을 넣은 채로 악수하지 않는다	128
56. Reading A Business Card Thoroughly Upon Receiving It 명함을 받는 즉시 꼼꼼히 읽는다	129

57. Working Till Late 늦게까지 일한다	130
58. Both Christian And Buddhist Holidays Are Celebrated In Korea 성탄절과 부처님 오신날은 모두 공휴일이다	131
59. Not Wearing Shoes Inside Their House 집 안에서 신발을 신지 않는다	132
60. Using Seal/Stamp Instead Of Signatures 서명 대신 인감/도장	133

Section C: Fun Facts About Korea 섹션 C: 한국에 대한 흥미로운 사실들	134
1. Being One Year Old When Born 태어나자마자 한 살을 먹는다	136
2. Asking Blood Type Is Common 혈액형을 묻는 게 일반적이다	137
3. Valentine's Day Is Only For Guys 발렌타인데이는 남자들만을 위한 날이다	138
4. Buildings Are Missing The Fourth Floor 건물에 4층이 없다	139
5. Sarcasm? What's That? 비꼬는 거? 그게 뭐예요?	140

6. Serving Hot Water In Restaurants 식당에서 뜨거운 물을 제공한다	141
7. Coordinating Hiking Outfits 등산복을 갖추어 입는다	142
8. Men Wearing Makeup 남자가 화장한다	143
9. When Can I Have Noodles? 언제 국수를 먹을 수 있어요?	144
10. Women Putting On Makeup On Public Transport 대중교통에서 화장하기	145
11. Not Saying "Excuse Me" or "Sorry" Verbally When Bumping Into Someone 누군가와 부딪쳤을 때 "실례합니다" 또는 "죄송합니다"라고 말하지 않는다	146
12. Lowest Birthrate In The World 세계 최저 출산율	147
13. Wearing T-Shirts With Bizarre English Expressions 이상한 영어표현이 쓰인 티셔츠를 입고 다닌다	148
14. Asking Too Many Questions 질문을 너무 많이 한다	149
15. Talking About Inappropriate Topics 부적절한 주제에 관해 대화한다	150
16. Slurping Loudly While Eating Soup/Noodles 음식을 먹을 때 크게 소리를 낸다	151

17. Pushing Others To Drink 술을 마시도록 지속적으로 권유한다	152
18. Praising Foreigners For Trivial Things 외국인들을 사소한 것으로 칭찬하다	153
19. Playing Rock Scissors Paper Before Deciding Anything 어떤 것을 결정하기 전에 가위바위보를 한다	154
20. Laughing When Embarrassed 당황할 때 웃는다	155
21. Glued To Smartphones While Walking 스마트폰에 시선이 고정된 채로 걸어다닌다	156
22. Fastest And Free Internet Around The Country 전국 어디에나 있는 초고속 무료 인터넷	157
23. Wearing Short Skirts During Winter 겨울에 짧은 치마를 입는다	158
24. Using Middle Finger Unknowingly 의미를 모르고 가운뎃 손가락을 사용한다	159
25. Only One Size Clothing 사이즈가 하나 밖에 없다	160
26. Pepero Day 빼빼로데이	161
27. Having Confusing Address Systems 혼동되는 주소 시스템을 사용한다	162
28. Writing City Name First In The Address 주소를 적을 때 도시명을 제일 먼저 쓴다	163

29. Writing Last Name First 성을 먼저 쓴다	164
30. Unlocking Only One Door 출입문 한쪽만 열어 둔다	165
31. Studying Non-Stop During Exam Period 시험기간 동안 쉬지 않고 공부한다	166
32. Putting A Korean Spin On International Foods 해외 음식을 한국 스타일로 요리한다	167
33. Wearing Sandals With Suits 정장차림에 샌들을 신는다	168
34. Closing Eyes During A Meeting 회의 중에 눈을 감고 있다	169
35. Not Having Joint Bank Accounts 공동 은행계좌를 만들지 않는다	170
36. Calling Significant Other "Brother" 연인을 "오빠"라고 부른다	171
37. Not Wearing Colorful Clothes 컬러풀한 옷을 입지 않는다	172
38. Following Trends 트렌드를 따른다	173
39. Getting Plastic Surgery 성형수술을 받는다	174
40. Clapping While Laughing 웃으면서 박수를 친다	175

41. Sitting On The Floor And Not The Sofa 소파가 아닌 바닥에 앉는다	176
42. Turning The Rearview Mirror Away 룸미러를 돌려놓는다	177
43. Not Writing Anyone's Name In Red 빨간색으로 사람 이름을 쓰지 않는다	178
44. A Seat For The Elderly And Pregnant Women 노약자석과 임산부 배려석이 있다	179
45. Riding Two-Wheelers On The Sidewalk 보도 위로 이륜차를 타고 다닌다	180
46. Using Reverse 'V' Sign Unknowingly 자신도 모르게 역방향 'V'표시 제스처를 한다	181
47. Never Smoking In Front Of Elders 연장자 앞에서 절대로 담배를 피우지 않는다	182
48. Fighting!! 화이팅!!	183
49. Low Theft Rate in Public Places 공공장소에서의 낮은 도난율	184
50. Everyone is Millionaire in Korea 한국에서는 모두가 백만장자이다	185

Korean Cultural Aspects From *SQUID GAME*

A. We're *Gganbu*!

In one of the episodes of the Netflix series, *Squid Game*, an old man hands over his last marble to the lead character, Gi Hun, saying, "We are *Gganbu. Gganbu* always share everything with each other, no matter what." By handing over his last marble, he lets Gi Hun win.

The term *gganbu* (깐부 – pronounced ggan-bu) in the story means close companions, like blood brothers, who share everything without expecting anything in return; they help each other in a difficult situation.

While *gganbu* is core of Korean values, its usage in *Squid Game* is an example of the Korean concept of *jeong*, the bond of deep-rooted warm heartedness and affection that Koreans share with those they are close to.

오징어 게임에 담겨 있는 한국게임 문화

A. 우린 깐부야!

넷플릭스 '오징어 게임' 에서는 한 노인이 주인공 기훈에게 자신의 마지막 남은 구슬을 건네주며, "우린 깐부잖아. 깐부는 어떤 경우든 모든 것을 나눈다"라고 말하는 장면이 나온다. 마지막 구슬을 넘겨줌으로써 기훈이 이기도록 해준다.

이야기 속에 나오는 '깐부' 는 마치 "피를 나눈 형제처럼 가까운 친구를 의미하는데," 그들은 아무런 대가도 바라지 않고 모든 것을 공유하고 어려운 상황에서 상대방을 돕는다.

깐부는 한국적 가치의 핵심이지만 오징어 게임에서 사용되는 것은 한국적 개념인 '정'의 한 예로서, 한국인들이 그들과 가까운 사람들과 공유하는 뿌리 깊은 따뜻한 마음과 애정의 끈을 의미한다.

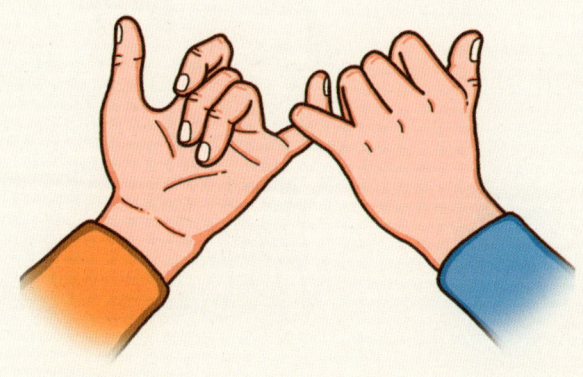

B. *Kkakdugi* Culture

When children get together to play, it is inevitable that there is one child who is the least skilled or younger than the rest (especially if a younger sibling has followed their brother or sister out to play). Typically, these children won't be picked to be on a team until last, or they could be left out altogether if there are an odd number of players for a game that calls for equal numbers.

Korean children have developed a way to include those who could be left out when the picking is done. It's called *Kkakdugi* (깍두기 – pronounced kkak-du-gi), and it's for letting the least skilled or youngest players have a chance to play for each team (so neither team is disadvantaged by having a less skilled player). *Kkakdugi* is an example of Korean culture's approach to getting along with everyone, without discrimination.

In *Squid Game*, for one of the rounds, a woman who seemed to be the weakest player was not chosen by anyone and was left alone. People thought that she would be executed as a penalty, but she got a free pass to the next level, being designated as a *Kkakdugi*.

깍두기 문화

아이들이 모여 놀 때, 가장 어눌하거나 다른 아이들보다 어린 아이가 늘 한 명은 있기 마련이다(특히 형과 누나를 따라 놀러 나온 동생들). 전형적으로, 이 아이들은 마지막까지 한 팀에 뽑히지 않거나, 짝수 숫자를 요구하는 게임에 홀수 선수가 있으면 팀에서 제외될 수 있다.

한국 어린이들은 뽑기가 끝났을 때 배제된 아이들을 포함하는 방법을 생각해냈다. 이것을 '깍두기'라고 하는데, 가장 실력이 없거나 가장 어린 선수들이 각 팀에서 뛸 기회를 얻도록 하기 위한 것이다 (그래서 어느 팀도 미숙한 아이 때문에 불이익을 받지 않는다). 깍두기는 차별 없이 모든 사람과 잘 지내는 한국 문화의 한 예이다.

오징어 게임의 한 라운드에서, 가장 약해 보여 아무에게도 선택받지 못한 한 여인이 혼자 남게 된다. 사람들은 그녀가 벌칙으로 죽임을 당할 것이라고 예상했지만, 그녀는 '깍두기'로 선택되어 힘들이지 않고 다음 단계로 진출한다.

SECTION A
Korean Traditional Games

섹션 A: 한국 전통 놀이

The Netflix series, *Squid Game*, introduced some of the traditional games played in Korea to the world. However, it was just a small portion of the numerous games that Koreans enjoyed in their childhood.
In this section, we will dive into the world of traditional games and share how you can play them.

넷플릭스에 나온 '오징어 게임'에서는 한국에서 어린이들이 주로 했던 전래놀이들이 세계에 소개되었다. 그러나 드라마에 소개된 놀이는 한국의 많은 전래놀이들 중 극히 일부에 불과하다.
이 섹션에서는 한국에서 행해지는 더 많은 전래놀이에 대해 알아보고 어떻게 놀이를 할 수 있는지 알려줄 것이다.

1. Red Light, Green Light

무궁화꽃이 피었습니다

The game 'The Rose of Sharon Has Bloomed' (무궁화꽃이 피었습니다 – pronounced mu-gung-hwa-kkoci-peiot-seumnida), also known as the 'Red light, Green light' is a popular traditional game in Korea. This game is more popular among younger children than older ones.

When the game begins, the person who plays 'It' stands facing the wall and shouts *"Mugunghwa* flower has bloomed." Meanwhile, the other players start from the starting line and approach towards the finish line while the 'It' is facing the wall. As soon as the 'It' turns around, all players must freeze. Those who are caught moving either join hands with 'It' or are eliminated from the game. The game continues until someone crosses the line and touches 'It'.

Additionally, this game is played in many different countries with a variety of names and rules.

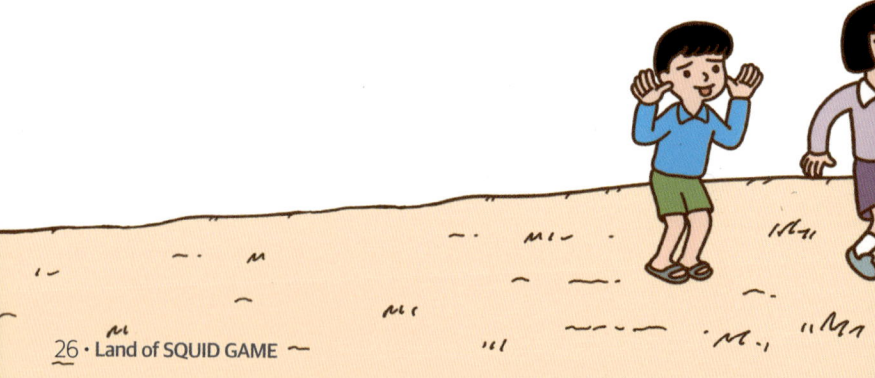

'Red Light, Green Light'으로도 알려져 있는 '무궁화꽃이 피었습니다' 놀이는 한국에서 인기있는 전통놀이다. 이 놀이는 어린아이들에게 더 인기가 많다.

게임이 시작되면 '술래'를 하는 사람이 벽을 마주보고 서서 "무궁화꽃이 피었습니다"라고 외친다. '술래'가 벽을 향해 있는 동안 다른 사람들은 출발선에서 시작하여 결승선을 향해 다가간다. '술래'가 돌아서는 순간, 다른 모든 참가자들은 움직여서는 안 된다. 움직이다 걸리면 '술래'와 손을 잡거나 게임에서 탈락하게 된다. 게임은 누군가가 선을 넘어 '술래'를 터치할 때까지 계속된다.

추가, 이 놀이는 여러 나라에서 다양한 이름과 규칙으로 행해지고 있다.

2. Paper Flip Game

딱지치기 게임

The Paper Flip game (딱지 치기 – pronounced ddak-ji chi-gi) is a two-player game and is played using flat, square-shaped commercially made game pieces with different pictures or shapes on each side or handmade game pieces made from two different colored pieces of paper, folded so that once side has two colors and the other side has a single color. The game pieces are called *ddakji* (딱지 – pronounced *ddak-ji*).

The game starts with one of the players placing his *ddakji* on the ground and the other player hitting his *ddakji* in an attempt to flip it.

If the *ddakji* is successfully flipped, then the thrower wins both of the *ddakjis*. And in case, the thrower is unable to flip the *ddakji* on the ground, then the players switch roles and take turns. This game continues until one of the players loses all of their *ddakjis*.

This game requires power, accuracy and a handful of patience.

딱지치기는 딱지를 치면서 노는 2인용 게임이다. 딱지는 각자 다른 그림이 새겨진 납작하고 둥근 모양의 시판용 딱지와 두 가지 다른 색상의 종이를 접어서 한 면은 두 가지 색이 있고 다른 면은 한 가지 색이 되도록 직접 접어서 만든 딱지가 있다.

한쪽이 자신의 딱지를 바닥에 놓으면, 다른 한 명이 놓인 딱지를 뒤집으려고 딱지를 내려치면서 게임이 시작된다.

만약 딱지가 의도한대로 뒤집힌다면, 던지는 사람은 두 딱지를 모두 얻는다. 만약 딱지 뒤집기에 실패한다면 역할을 바꿔서 던진다. 게임은 참가자 두 명 중 한 명이 딱지를 모두 잃을 때까지 계속된다.

이 게임은 힘, 정확성, 그리고 인내심이 필요하다.

3. *Dalgona* Challenge

달고나 뽑기

Dalgona (달고나 – pronounced dal-go-na) is a sweet, brittle candy sold by street vendors and was really popular in Korea in the 1960s through the 1980s. It's made from melted sugar with a little bit of baking soda added to make the sugar puff up. The vendor presses a shape, such as triangle, square or circle onto the surface of the candy, and that's where the challenge comes from. If a child who bought the *dalgona* could separate the shape from the rest of the candy, they would win an additional *dalgona*, along with the right to brag to their friends that they were successful.

The most popular method to try and separate the shape from the rest of the candy involves using a needle. Of course, even if you can't separate the shape, you can still eat the candy.

달고나는 노점상들이 파는 달콤하고 부서지기 쉬운 설탕과자로서 1960년대부터 1980년대까지 한국에서 인기가 매우 많았다. 달고나는 설탕을 녹인 후 그 위에 베이킹소다를 조금 넣어 설탕이 부풀어 오르면서 만들어진다. 판매자는 삼각형, 사각형, 원 등의 모양을 사탕 표면에 눌러 넣는데, 여기서부터 게임이 시작된다. 달고나를 산 아이가 표시된 모양을 나머지 부분과 분리할 수 있다면, 친구들에게 자신이 성공했다는 것을 자랑할 수 있었고, 덤으로 달고나를 하나 더 얻을 수 있었다.

달고나의 표시된 모양과 나머지 부분을 떼어낼 수 있는 가장 일반적인 방법은 바늘을 이용하는 것이다. 당연히, 모양을 분리하지 못하더라도 달콤한 설탕과자는 먹을 수 있다.

4. Korean Tug Of War

줄다리기

Juldarigi, Korean traditional tug-of-war (줄다리기 – pronounced jul-da-ri-gi), was traditionally played in Korea using two large rice-straw ropes connected together. In ancient times, the game was conducted as a communal event, contributing to the villagers' unity and promoting teamwork and in hope for good harvest. Players are divided into two teams and they pull the rope in hope to dislodge the opponent's team. The game can be played from few to hundreds and thousands of people.

This game is still common in schools in Korea emphasizing teamwork and cooperation among students. These days, it is played with a single, modern rope like in most of the countries.

한국의 전통 줄다리기는 볏짚으로 만든 두 개의 긴 줄을 연결하여 행해졌다. 예전에는 마을 전체의 행사로서 경기를 진행하였으며, 마을의 화합과 단결을 도모하는 한편 풍년을 기원하였다. 참가자들은 두 팀으로 나누어 서로 상대를 이기기 위해 줄을 당긴다. 이 게임은 몇 명부터 수백, 수천 명의 사람들까지 참여할 수 있다.

이 게임은 팀워크와 학생들의 협동심을 강조하는 한국의 학교에서 여전히 자주 행해지는 게임이다. 현재는 다른 여러 나라에서처럼 일반 밧줄 한 개로 게임을 진행한다.

5. Marble Game

구슬치기

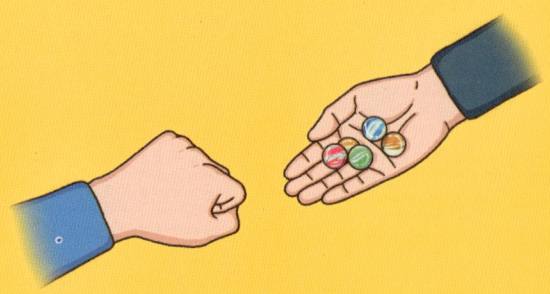

Guseulchigi, or marble game (구슬치기 – pronounced gu-seul-chi-gi) is another popular game usually played by boys in Korea. The game uses round beads made from glass or ceramic with the goal of getting the opponent's marbles. This game uses different modes of playing such as hitting the opponent's marbles, aiming them into the holes, hitting targets, guessing whether the number of marbles the other player grabbed is odd or even, or guessing the exact number of marbles grabbed.

Although it was a popular game in the past, it's rare to see kids play with marbles nowadays, especially in developed cities where there is no sand or suitable ground to play. Still, some children like to collect marbles.

구슬치기는 보통 한국 남자아이들 사이에서 행해지는 또 다른 인기 있는 놀이이다. 이 게임은 상대의 구슬을 얻기 위한 목적으로 유리나 세라믹으로 만들어진 둥근 구슬을 사용한다. 이 게임은 상대방의 구슬을 치거나, 구멍에 조준하거나, 표적을 맞히거나, 상대방이 손에 가진 구슬의 수가 홀수인지 짝수인지 맞히거나, 정확한 구슬의 수를 맞추는 등 다양한 놀이법이 있다.

과거에는 인기 있는 놀이였지만 모래나 흙바닥을 보기 어려운 도시지역이 많아지면서 최근에는 구슬을 가지고 노는 아이들을 보기가 어렵다. 그래도 여전히 일부 어린이들은 구슬 모으는 것을 좋아한다.

6. *Yut Nori*, Korean Board Game

윷놀이, 한국의 보드게임

Yut nori (윷놀이 – pronounced yut no-ri) is a traditional Korean board game and is played among family members on traditional Korean holidays (*Cheosok* and *Seoullal*). This board game comes with a set of four wooden sticks that are flat on one side and round on the other. The aim is to return all of your four pawns to the starting point. And if you are lucky enough to stop on one of the corners, you can even take a shortcut to reach the end.

Different combination of the four sticks (whether flat or rounded) represents different numbers and allows the player to advance on the board accordingly. This game seems like a simple game but requires a lot of strategy and tactics in order to win. Despite the competitive nature of this game, it brings a sense of harmony among family members on these traditional holidays.

윷놀이는 추석이나 설날 등 한국의 명절 때 가족들이 함께 즐기는 한국식 전통 보드게임이다. 이 보드게임은 한쪽은 평평하고 다른 한쪽은 둥근 4개의 나무 막대기(윷가락)를 던져 나온 개수만큼 말판을 돌아 통과해야 하는 게임이다. 이기기 위해서는 4개의 말이 모두 출발점으로 되돌아와야 한다. 만약 운이 좋아서 방향을 바꿀 수 있는 보드의 모서리에 멈춘다면, 지름길로 도착점까지 갈 수 있다.

네 개 윷가락의 평평한 면과 둥근 면이 만드는 다양한 조합은 서로 다른 숫자를 나타내며 게임 참가자는 숫자에 따라 말을 움직일 수 있다. 이 게임은 단순해 보이지만 승리하기 위해서는 많은 전략과 전술이 필요하다. 경쟁하는 게임임에도 불구하고, 윷놀이는 전통적인 명절에 가족 간에 화합을 도모할 수 있다.

7. Mang jupgi

망 줍기

Mang jupgi (망 줍기 – pronounced mang jup-gi) – also known as *sabang chigi* (사방치기 – pronounced sa-bang chi-gi), is played on a court that has eight sections numbered 1 to 8, and an area at the top of the court called sky or *haneul* (하늘 – pronounced ha-neul). This is one of the few games still played by today's children.

The first player starts the game by throwing a small stone into the #1 section and then hops from the #2 section (skipping #1) to the #7,8 section, turns around, hops back to the #2 section, picks up the stone, and hops off the court. This process is repeated through all eight sections.

The player repeats this sequence, throwing the stone into every section until they've completed tossing and retrieving the stone from all eight sections. The player then hops to the sky section, and while facing away from the court, the player tosses the stone over their shoulder into the court. The section the stone lands belongs to the player for that round.

If a player steps on the line or touches the ground with their hand, they're out for the round and it's the next player's turn. When hopping, players normally hop on one foot. If there are two numbers next to each other (1 & 2, 4 & 5, 7 & 8), then the player uses two feet (one foot in each number), unless the stone is in one of the squares.

This game requires a lot of balance and is popular in other countries as well.

망 줍기는 사방치기라고도 하며, 평평한 땅에 1~8번까지 총 8개 구역이 그려진 놀이판에서 행해진다. 가장 점수가 높은 구역은 하늘이라고 부른다. 이것은 현재도 아이들이 아직도 즐기고 있는 몇 안 되는 게임 중 하나이다.

첫 번째 사람은 1번 구역에 돌멩이를 던지며 게임을 시작하고, 2번 구역에서 7, 8번 구역으로 깡충 뛰어가고 다시 돌아서, 2번 구역으로 돌아가 돌을 줍고, 놀이판에서 나가게 된다. 이 과정이 8개 구역 모두에서 반복된다.

참가자가 던지는 돌을 8개 구역에 모두 던지고 회수할 때까지 번호가 쓰인 모든 구역으로 돌을 던지면서 이 과정을 반복한다. 그런 다음 '하늘' 구역으로 뛰어 착지한 후 놀이판을 등지고 서서 돌을 어깨 너머로 던진다. 돌이 떨어진 구역이 해당 라운드의 참가자 소유가 된다.

참가자가 선을 밟거나 손이 땅에 닿으면 다음 사람의 차례가 된다. 깡충 뛸 때, 보통 한 발로 뛴다. 만약 두 개의 숫자(1 & 2, 4 & 5, 7 & 8)가 옆에 있다면, 돌멩이가 구역 안에 없는 참가자는 두 발을 (각 숫자에 한 개씩) 사용한다.

이 놀이는 균형감각이 많이 필요하고 다른 나라에서도 인기가 많다.

8. Eat The Ground

땅따먹기

In Eat the Ground (땅따먹기 – pronounced ttang-tta-meok-gi), players create a playing area by drawing a circle of 1 or 2 meters in diameter on the ground (or it could be a rectangle drawn on the ground or even a large piece of paper if playing indoors). Each player first creates their own "house" by drawing with a stick a half-circle that's roughly the width of their hand-span (from the tip of their thumb to the tip of their little finger).

Players play rock-paper-scissors to see who goes first, and then they take turns flicking a small, flat stone with their finger. The players flick the stone three times, first away from their house, then parallel to their house, and then back to their house. If the player is able to flick their stone back to their house, then the player gets the area outlined by the path of the stone.

The player who is able to extend his territory the most wins. This game reflected people's hope for owning agricultural land and was quite popular as it required minimum tools to play. However, it's disappearing as this requires sand to play.

땅따먹기에서는 참가자들이 땅 위에 지름 1~2m의 원을 그려서 놀이 공간을 만든다.(바닥의 직사각형일 수도 있고 실내의 경우 큰 종이조각일 수도 있다.) 각 참가자는 먼저 막대기로 엄지손가락부터 새끼손가락 끝까지 정도의 너비인 반원을 그려서 자신만의 "집"을 만든다.

가위바위보를 통해 순서를 정하고, 작고 평평한 돌을 손가락으로 세 번 튕기는데, 처음에는 집에서 나오고, 그다음에는 집과 멀어졌다가, 그러고 나서 집으로 돌아온다. 참가자가 자신의 집으로 돌을 가져오는 데 성공했다면, 참가자는 돌이 지나간 부분의 땅을 얻게 된다.

영역을 가장 많이 넓힌 사람이 승리한다. 땅따먹기는 농경사회에서 많은 땅을 차지하고자 하는 사람들의 소망을 나타내며, 놀이를 위해 도구가 거의 필요 없기 때문에 인기가 있었다. 하지만, 놀이를 위해 모래나 흙바닥이 필요하기 때문에 현재는 인기가 없다.

9. *Jachigi*

자치기

Jachigi (자치기 – pronounced ja-chi-gi) – is a traditional game that uses two wooden sticks, one short and one long that's used to hit the short stick. The long stick is usually 50-80 cm long and the shorter one is 12-15 cm; both of which are pointed at both their ends like a pencil.

Jachigi is a two player game with usually 4 to 5 people per team, although the game can be played one-on-one. One team starts as the offensive team and the other team plays defense. One of the offensive players places the short stick on the ground (either behind a line or within a circle), and then, using the long stick, tries to hit one end of the short stick, causing the stick to fly up into the air. When the short stick flies up, the offensive player hits the short stick a second time, this time sending the stick flying.

Once the offensive player has sent the short stick flying, the defensive team moves into action, trying to catch the short stick. If they can catch the stick before it hits the ground, then the teams switch sides. If the defensive side can't catch the short stick, then the distance from the line or center of the hole to the stick is measured using the long stick as a ruler, with the distance being the score for that hit.

Jachigi is an active game, as the defenders have to move quickly if they're going to catch the short stick. Although the game was popular in Korea in the past, it started to be forgotten in the 2000s.

자치기는 짧은 막대기를 때리는 데 사용되는 두 개의 나무 막대기를 사용하는 전통 놀이이다.
긴 막대기는 보통 50~80cm, 짧은 막대기는 12~15cm로 양쪽 끝이 연필처럼 뾰족하다.

자치기는 1대 1로 경기를 할 수 있지만, 보통 팀당 4~5명이 참여하는 두 개의 팀으로 나누어진 경기다.
한 팀은 공격팀으로 시작하고 다른 팀은 수비한다. 공격수 한 명이 짧은 막대기를 (선 뒤나 원 안의)
땅에 놓고 긴 막대기로 짧은 막대 끝부분을 쳐서 막대기가
튀어 오르면 다시 짧은 막대기를 쳐서 멀리 보낸다.

공격수가 짧은 막대기를 날려 보내면, 수비팀은 그것을 잡기 위해 움직인다.
만약 수비팀이 막대기가 땅에 떨어지기 전에 잡았다면, 공격과 수비
역할이 바뀐다. 수비팀이 짧은 막대기를 잡지 못하면 긴 막대기를
자로 삼아 시작 선 또는 중앙의 원에서부터
막대기까지의 거리를 측정한다.

10. *Jegichagi*

제기차기

Jegichagi (제기차기 – pronounced je-gi-cha-gi) is a traditional folk game that children played during the winters, especially during the Lunar New Year, although now it is played year-round, including in gym classes by younger children.

The game is played with a *jegi*, a small weighted object with streamers on one side. *Jegi* typically weigh around 10 grams with the weighted end around 4 cm in diameter and approximately 15 cm long streamers. The most important factor is the weight of the *jegi*, and if it's too less or more than 10 grams, then players can have a hard time keeping it in the air or kicking it to other players.

The players kick the *jegi* with their feet, either playing one person at a time to see how many times they can kick the *jegi* without letting it fall on the ground, or as a group in a circle passing the jegi to the next person until someone misses and the *jegi* lands on the ground.

The *jegi* was originally made by wrapping a coin with a square hole in the middle (Korea used coins with a hole, called *yeopjeon* until the late 1800s) with thin cloth or paper and tearing the ends into small strips. The game is now played with commercially produced *jegi*.

Playing *jegichagi* helps to develop focus as well as it is a good game for physical activity. Players need to maintain balance for a long time on one foot, while moving swiftly and precisely.

제기차기는 겨울 동안, 특히 음력 새해에 어린이들이 하는 전통 민속놀이였지만, 지금은 체육 시간에도 하며 연중 하고 있다.

놀이는 한쪽에 꼬리가 달린 가벼운 물체인 제기(Jegi)를 가지고 진행된다. 제기의 무게는 보통 10g 정도이고, 납작한 추는 지름 4cm, 꼬리 길이는 15cm 정도이다. 가장 중요한 요소는 제기의 무게인데, 너무 가볍거나 10g 이상이면 혼자 제기를 차거나 다른 참가자에게 차는 데 어려움을 겪을 수 있다.
참가자들은 한 번에 한 사람씩 제기를 땅에 떨어지지 않게 몇 번을 찰 수 있는지, 혹은 여러 사람이 원안에서 차며 땅에 떨어지지 않을 때까지 하는 방법이 있다.

제기는 원래 가운데에 네모난 구멍이 있는 동전 (옛날에 한국은 엽전이라 불리는 구멍을 뚫은 동전을 사용했다)을 얇은 천이나 종이로 감싸고 끝을 잘게 찢어서 만들었다. 현재에는 판매되는 제기를 사용한다.

제기차기는 집중력을 개발하는데도 좋을 뿐만 아니라 신체 발달에도 좋은 놀이이다. 참가자들은 빠르고 정확하게 움직이면서 한 발로 오랜 시간 균형을 유지해야 한다.

11. Hitting Tombstone

비석치기

Hitting Tombstone (비석치기 – pronounced bi-suk-chi-gi) is a traditional game that uses a pile of stones or tiles shaped like tombstones (called *bisuk*). It's a two-player game and each player has to knock off the opponent's tombstones.

Although the game may differ from region to region, there are 12 additional stages once all the stones are knocked over. Some examples of extra stages are: placing the stone on top of your foot, shoulder or between the knees and carrying it over to the opponent's pile and knocking it down.

비석치기는 비석 모양의 기와나 돌을 사용하는 전통 놀이이다. 두 개의 팀으로 나누어져 하는 놀이이고 각 참가자는 상대의 비석을 쳐서 넘어뜨려야 한다.

지역마다 놀이가 다를 수 있지만, 비석을 모두 쓰러뜨리면 12개의 단계가 추가된다. 추가 단계의 몇 가지 예는 다음과 같다: 돌을 발 위, 어깨 또는 무릎 사이에 올려놓고 상대방의 비석이 있는 곳까지 옮겨 비석을 쓰러뜨린다.

12. Rubber Band Game

고무줄놀이

The Rubber Band game (고무줄 놀이 – pronounced go-mu-jul nor-i) was once played with a straw rope, but nowadays, it is played with a 3 to 4 meter long by 5 cm wide rubber band made for the game. The rubber band is stretched between two children, starting at ankle height, and the players jump over and into the space between bands while singing a song that goes with the game.

Often teams will compete, singing the same song and doing the same jumping moves. As a set of moves is completed, the rubber band is raised to the knee, the hip, the waist, the chest, the head, and finally above the players' head (the hooray position). Once one of the team members misses a step, it's the other team's turn. The team that is successful at the highest height wins that round.

고무줄놀이는 한때는 짚으로 엮은 줄로 놀았지만, 요즘은 3~4m, 너비 5cm의 긴 고무줄로 한다. 고무줄은 두 참가자가 발목 높이에서 잡아당기고, 다른 팀은 놀이에 어울리는 노래를 부르면서 고무줄 사이 공간으로 뛰어오른다.

종종 팀들은 같은 노래를 부르고 같은 점프 동작을 하면서 경쟁한다. 정해진 동작이 완료되면 고무줄을 무릎, 엉덩이, 허리, 가슴, 머리, 그리고 마지막으로 선수들의 머리 위로 올린다. 한 팀원이 박자를 맞추지 못하거나 고무줄을 밟으면 다른 팀 차례로 변경한다. 가장 높은 곳에서 성공한 팀이 해당 라운드를 이긴다.

13. *Gonggi*

공기놀이

Gonggi (공기 – pronounced gong-gi) is a dexterity game that was originally played with five (or more) grape-sized pebbles, but is now played with weighted plastic stones sold for playing the game.

Players take turns running through five levels, with the fifth level being the only level that's scored. If a player drops a stone or fails to pick up a stone in one of the first four levels, then they receive no score for that round and play passes to the next player. The levels of this game are explained as below:

• Level 1 – The player starts with all five stones in their hand and throws all of the stones onto the playing surface. The player then picks up one stone and tosses it up into the air. While the stone is airborne, the player picks up one stone from the playing surface and then catches the airborne stone. The player repeats this process until all the stones have been picked up.

• Level 2 – The action is the same as Level 1, except the player must pick up two stones each time the tossed stone is airborne.

• Level 3 – The action is the same as Level 1, except the player must pick up three stones while the tossed stone is airborne the first time and then pick up the remaining stone while the tossed stone is airborne again.

• Level 4 – The player starts with all five stones in their hand, throws one stone up in the air, throws the other four stones onto the playing surface, and then catches the airborne stone. The player then tosses the one stone in their hand back up into the air, scoops up the four stones on the playing surface, and catches the airborne stone.

• Level 5 – The player starts with all five stones in the palm of their hand. They toss all of the stones into the air, and while the stones are in the air, they flip their hand over and then attempt to catch as many stones as possible on the back of their hand. The player then tosses the caught stones into the air, flips their hand back over, and catches the airborne stones. The number of caught stones is the player's score for that round.

Play continues until an agreed number of rounds are completed or until one player reaches an agreed upon score.

공기는 원래 5개 이상의 포도알 크기의 조약돌을 가지고 놀던 놀이인데, 지금은 약간 무게감이 있는 판매되는 플라스틱 돌들을 이용해서 놀이를 한다.

참가자들은 5개의 단계를 순서대로 진행하는데, 5번째 단계에서만 점수를 획득할 수 있다. 참가자가 처음 네 단계 중 한 단계에서라도 공깃돌을 떨어뜨리거나 돌을 줍지 못하면 해당 라운드에서 점수를 받지 못하고 다음 참가자에게 순서가 넘어간다. 이 놀이의 단계는 다음과 같다.

• 1단계- 참가자는 5개의 돌을 모두 손에 들고 시작하며 모든 돌을 바닥 위로 던진다. 그리고 나서 참가자는 공깃돌 하나를 집어 공중으로 던진다. 돌이 공중에 떠 있는 동안 참가자는 바닥에서 돌 하나를 집어 들고 공중에 떠 있는 돌을 잡는다. 참가자는 모든 공깃돌을 주울 때까지 이 과정을 반복한다.

• 2단계- 1단계와 같은 과정이지만, 공중으로 돌을 던질 때마다 돌을 두 개 줍는다.

• 3단계- 1단계와 동일하지만, 플레이어는 처음에 공중에 던져진 돌이 공중에 뜨는 동안 세 개의 돌을 줍고 그다음 나머지 돌을 줍는다.

• 4단계 - 참가자는 5개의 돌을 모두 손에 들고 시작하며, 1개의 돌을 공중으로 던지고, 나머지 4개의 돌을 바닥에 던지고, 공중의 돌을 잡는다. 그런 다음, 참가자는 손에 든 돌 하나를 공중으로 다시 던지고, 바닥에 있는 돌 네 개를 잡고 난 다음 공중의 돌을 잡는다.

• 5단계 - 참가자는 5개의 돌을 모두 손바닥에 쥐고 시작한다. 모든 돌을 공중으로 던지고, 돌멩이가 공중에 있는 동안 손을 뒤집은 다음 가능한 한 많은 돌을 손등으로 얹는다. 얹은 돌을 공중으로 던지고 손을 뒤로 뒤집은 다음 공중의 돌을 잡는다. 잡은 돌의 수는 해당 라운드의 참가자 점수이다.

놀이는 정해진 수의 라운드가 끝나거나 한 명의 참가자가 합의된 점수에 도달할 때까지 계속된다.

14. Chicken Fight

닭싸움

Chicken Fight (닭싸움 – pronounced dak-ssa-um) is a traditional game that children enjoy playing around the neighborhood individually or as a group. It is also played as an exciting event on holidays or in marketplaces. The game is played by contestants raising one leg and grasping their ankle with both hands.

The contestants then hop on one foot and try to push their opponent off balance. The last person left standing wins. Chicken fight requires strength, skill, and a good sense of balance. It can be played one-on-one or by several people all at once.

닭싸움은 아이들이 각자 또는 단체로 동네를 돌아다니며 즐기는 전통 놀이이다. 명절에는 흥겨운 행사로, 장터에서 놀기도 한다. 이 놀이는 참가자들이 한쪽 다리를 올리고 양손으로 발목을 잡는 방식으로 진행된다.

그러고 나서 참가자들은 한 발로 뛰어서 상대방의 균형을 잃게 하려고 한다. 마지막으로 서 있는 사람이 이긴다. 닭싸움은 힘, 기술, 그리고 좋은 균형감각이 필요하다. 1대1이나 여러 명이 동시에 함께할 수 있다.

15. Top-spinning

팽이치기

In top-spinning (팽이치기 – pronounced paeng-i chi-gi), the tops are typically made from a piece of hardwood such as paulownia, hackberry, birch, or jujube that is pointed at one end. Players start their tops spinning using a piece of string wound around the top, and once the top is spinning, the players can increase the speed using a stick with strips of cloth or string attached.

Competition with tops includes whose top will spin the longest, either without any further contact, or by directing one's top into an opponent's top and hoping their top knocks the other top over.

팽이치기는 전형적으로 오동나무, 팽나무, 자작나무, 대추나무와 같은 단단한 나무를 이용하여 한 쪽 끝을 뾰족하게 만든 팽이를 사용한다. 참가자들은 끈을 사용하여 팽이의 상단 부분을 감아서 팽이를 회전시킨다. 팽이가 회전하면 천 조각이나 줄이 부착된 막대기를 사용하여 팽이의 회전 속도를 높일 수 있다.

팽이로 경쟁하는 방식은 팽이가 서로 닿지 않고 가장 오랫동안 회전하거나, 자신의 팽이로 상대의 것을 넘어뜨리는 방식이 있다.

16. Kite Flying

연날리기

Flying kites (연날리기 – pronounced yeon-nal-li-gi) is a traditional activity in Korea, especially around New Year's. Flying kites in the winter wind is a way of sending away the bad luck of the past year and hoping to be blessed in the coming new year. Kites are made of rectangular paper and bamboo frames and are connected with a string on a reel to fly it high and far away. Depending on a player's skill, the kite can move quickly from side to side or fly in a circle.

Some kite fliers like to make things a little more competitive than just seeing who can get their kite to fly the highest or furthest away. These fliers try to cut the string of other kites by having their string rub against the other kite's string and using the friction to cut the other kite's string. It does require some significant skill to cut the other string, rather than your own.

연날리기는 연말·연초에 즐기는 한국의 전통적인 놀이이다. 겨울바람에 연을 날리는 것은 지난해의 불운을 날려 보내고 다가오는 새해에 복이 있기를 바라는 의미가 담겨있다. 연은 장방형의 종이와 대나무 틀로 만들어졌으며, 연줄이 감긴 얼레에 끈을 연결하여 높고 멀리 날린다. 기술에 따라 연은 좌우로 빠르게 움직이거나 원을 그리며 날릴 수 있다.

일부 연날리기 참가자는 연을 가장 높이 또는 가장 멀리 날릴 수 있는지 경쟁하는 것보다 연을 더 강하게 만드는 것을 좋아한다. 연줄을 다른 연의 줄에 닿게 한 후 마찰력을 이용하여 상대방 연줄을 끊으려고 한다. 자신의 연이 아닌 다른 연의 줄을 자르는 데는 상당한 기술이 필요하다.

17. Handkerchief Game

수건돌리기

Handkerchief Game (수건돌리기 – pronounced su-geon dol-li-gi) is a traditional game where a group of people sit in a circle, all facing towards the center, and one player (the tagger) moves around the outside of the circle while carrying a rolled-up handkerchief. The tagger, as they move, drops the handkerchief directly behind one of the people seated in the circle (the handkerchief has to be dropped close enough so that the person can easily reach back and feel the towel, otherwise the drop doesn't count, plus the person in the circle can only use their hands to feel for the handkerchief – they can't turn around to look). The tagger runs around the circle while the person who now has the handkerchief gets up and gives chase.

If the tagger can get around the circle and sit in the now empty space before the person giving chase tags them (touches the tagger with their hand), then the person with the handkerchief becomes the new tagger.

If the tagger gets tagged before they can sit down, then the tagger has to perform a pre-agreed-to-penalty, such as sing a song or perform a short talent exhibition. The tagger then continues as the tagger.

If the seated player where the handkerchief is dropped doesn't look for or is unable to find the handkerchief without turning their head, then they have to perform the pre-agreed-to-penalty, after which they become the tagger.

This game can be played outdoors, or indoors if there is enough space. If you find the handkerchief behind your back, you have to pick it up quickly and run with all your might to catch the tagger, otherwise you will be the new tagger.

수건돌리기 놀이는 사람들이 가운데를 향해서 원형으로 앉아 있고 한 명의 술래가 수건을 원안에 앉아 있는 사람 중 한 명 바로 뒤에 떨어뜨린다. (수건을 떨어뜨릴 때는 앉아있는 사람이 느낄 수 있고 손이 쉽게 닿을 수 있는 위치이어야 한다. 그렇지 않을 경우, 떨어뜨린 것은 인정되지 않는다. 추가적으로 원안에 있는 사람은 수건을 확인하기 위해 주위를 둘러볼 수 없고 오직 손으로만 확인해야한다.) 술래는 수건을 가진 사람이 일어나서 추격을 할 때 원을 돌며 도망가야 한다.

만약 술래가 추격하는 사람에게 태그 당하지 않고(손에 닿지 않고) 원을 한 바퀴 돌아 무사히 빈자리에 앉을 수 있다면, 수건을 들고 있는 사람이 새로운 술래가 된다.

만일 술래가 앉기 전에 잡히면 그 술래는 노래를 부르거나 짧은 장기자랑을 하는 등 미리 합의한 벌칙을 수행해야한다. 그리고 나서 술래로서 놀이를 계속한다.

손수건이 떨어진 자리에 앉은 사람이 고개를 돌리지 않고 손수건을 찾지 않거나 찾을 수 없을 경우 미리 합의된 벌칙을 이행한 후 술래가 된다.

이 놀이는 야외에서, 또는 공간이 충분할 경우 실내에서도 할 수 있다. 만약 당신이 등뒤에 있는 수건을 찾으면 술래를 잡기 위해서 수건을 최대한 빨리 집어 들고 힘껏 달려야 할 것이다, 그렇지 않으면 새로운 술래가 될 것이다.

18. Piling

말뚝박기

This game is called *malddukbakgi*, or 'piling game' (말뚝박기 – pronounced mal-dduk-bak-gi). First, the heads of the two teams decide which team is the offense and defense by playing rock-paper-scissors. Then the leader of the defensive side stands against a large tree or wall and the rest of the players place their head between the legs of the person in front of them and make a horse.

The objective of the offense team is to climb on this horse. Each member of the offense team runs and jumps onto the back of the defense team. If the defense falls down without overcoming the weight, it has to take the role of a horse again. When on the horse, it twists and turns in order to try and drop the riders while the riders hold on tight so as not to fall. If the offensive side loses rock-paper-scissors or falls off the horse, teams will switch roles.

이 게임은 말뚝박기라고 부른다. 먼저, 여러 명이 두 편으로 나누어 대표를 정하고 그 두 사람이 가위바위보를 해서 공격과 수비를 정한다. 그다음, 수비 편의 대표가 큰 나무나 벽에 기대서면 나머지는 앞 사람의 가랑이 사이에 머리를 끼어 말을 만들고, 공격 편은 그 말 위에 올라타서 노는 놀이이다. 공격 편은 대표부터 순서대로 달려와서 수비 말 등위에 뛰어 올라 탄다.

수비편이 무게를 이기지 못하고 주저앉으면 다시 말이 되어 계속해야 한다. 말에 올라타면 말은 몸을 이리저리 틀어서 탄 사람을 떨어뜨리려 하고 말 탄 사람은 떨어지지 않으려고 말을 꼭 잡고 있는다. 공격 편이 가위바위보에서 지거나 말에서 떨어지면 공격과 수비가 바뀐다.

19. Squid Game

오징어 게임

Squid Game (오징어 게임 – pronounced o-jing-eo ge-im) is played on a game area drawn on the ground that consists of a triangle, a rectangle, and circles at the top and bottom of what looks like a squid's body. Players are divided into two, equal teams, attackers and defenders. The defenders are defending the area where one of the circles and the triangle overlap and the attackers are trying to touch that area with one of their feet. During play, if a player falls down or touches or crosses one of the outer lines, they're eliminated and leave the game.

The attackers start from the circle at the top of the squid and the defenders start from the circle at the bottom of the squid. Attackers move outside of the squid area, but they must always hop on one foot unless they have been able to move across the waist of the squid (the space between the triangle and the rectangle). If an attacker is successfully able to move across the waist area, then they can move on two feet. Defenders can move one two feet while inside the squid area, but if they leave the squid area, they must also hop on one foot.

Attackers have to use the circle at the bottom of the game area to enter the squid body (hopping on one foot or running on both feet, depending on whether they have successfully crossed the squid's waist).

If an attacker is able to enter the squid body from the bottom and make their way to the top, touching the area inside the triangle and the circle, the attackers win. If the defenders can eliminate all of the attackers by making them cross a line or fall down, then the defenders win.

Squid game is a very active game that involves a high level of cooperation and competition, which makes it a lot of fun to play.

오징어 게임은 바닥에 오징어의 몸통처럼 생긴 삼각형, 직사각형, 원이 그려진 게임판에서 행해진다. 참가자들은 공격과 수비 두 팀으로 나뉜다. 원과 삼각형이 겹치는 부분을 수비수들이 수비하고 공격자들은 한쪽 발로 그 부분을 넘어가려 한다. 경기 도중 참가자가 넘어지거나 외부 선 중 하나를 발로 밟거나 넘으면 탈락한다.

공격자는 오징어 게임판 상단의 원에서 출발하고 수비자는 오징어 하단의 원에서 출발한다. 공격자들은 오징어 영역 밖으로 이동하지만, 오징어 허리(삼각형과 직사각형 사이의 공간)를 가로질러 가지 못했다면 항상 한 발로 뛰어야 한다. 만약 공격자가 허리 부분을 가로질러 가는데 성공했다면, 두 발로 움직일 수 있다. 수비는 오징어 선 안에서는 자유롭게 움직일 수 있지만 오징어 영역을 벗어날 경우 한 발로 뛰어야 한다.

공격자들은 오징어 몸통(오징어 허리를 성공적으로 넘었느냐에 따라 한 발로 깡충깡충 뛰거나 두 발로 뛰기)으로 들어가기 위해 게임판 하단의 원을 이용해야 한다.

공격자가 하단 원을 통해 오징어 몸통으로 들어가 오징어 머리 부분의 삼각형과 원이 교차하는 부분을 밟으면 공격자가 승리한다. 수비자들이 공격자들을 밀어 선을 넘게 하거나 넘어뜨려서 모두 제거하면 수비팀이 이긴다.

오징어게임은 협동심이 필요하고 팀 간에 경쟁이 있는 매우 활동적인 게임으로 굉장히 재미있는 놀이이다.

SECTION B
Korean Culture and Behavior

섹션 B: 한국 문화와 행동

Korean culture is both diverse and dynamic, placing importance on family-oriented mindsets such as respect for the elderly, different honorifics per situation, and subtle social cues. This section of the book enlightens the readers on various Korean culture and behaviors.

한국의 문화는 연장자에 대한 공경, 상황에 따른 존댓말, 그리고 미묘한 사회적 신호와 같은 가족 중심적인 사고방식을 중요시하며 다양하면서도 역동적이다. 이 섹션은 독자들에게 다양한 한국 문화와 행동을 이해할 수 있게 할 것이다.

1. Bowing While Greeting
고개 숙여 인사하기

Bowing is a deep-rooted aspect of Korean culture. Koreans use bowing to communicate different things such as a greeting, gratitude, or respect. When it comes to greetings, Koreans strictly adhere to their bowing etiquette. Bowing when meeting someone is deeply ingrained in Korean culture and is an essential backbone of Korean society. Visitors to Korea may experience some anxiety because they don't know when or how much to bow, or if they should bow. Here are some tips to help you.

In Korea, bowing comes first and is usually done by both parties at the same time. Many Koreans will follow the bow by offering to shake hands. When greeting an older or more senior-level person, never initiate the handshake because this is considered rude and may offend them. When bowing, a good rule-of-thumb is to bow about 45 degrees. You can think of it as showing the crown of your head to the other person.

Bowing etiquette may seem confusing at first, but Koreans are very understanding if visitors do not exactly follow the rules, so no need to worry. Try your best and you'll be fine.

고개를 숙여서 인사하는 모습은 한국문화의 뿌리 깊은 모습을 보여준다. 한국인들은 인사, 감사, 존경 등을 표현하기 위해 고개 숙여 인사를 한다. 한국인들은 인사에 관한 예절을 엄격하게 지킨다. 상대방에게 고개를 숙여 인사하는 것은 한국 문화에 깊이 뿌리박혀 있고, 한국 사회의 필수적인 요소이다. 한국을 방문하는 사람들은 언제 또는 얼마나 고개 숙여 인사할지, 혹은 고개 숙여서 인사해야 하는지 여부를 몰라 긴장할 수 있다.

여기 몇 가지 팁이 있다. 한국에서는 보통 서로 동시에 머리 숙여 인사한다. 많은 한국인은 고개 숙여 인사한 뒤에 악수를 청할 것이다. 연장자나 상사에게 인사할 때, 악수를 먼저 청하면 무례하게 비치거나 상대방을 불쾌하게 할 수 있다. 인사할 때 기억하면 좋은 규칙은 고개를 45도 정도로 숙이는 것이다. 상대방에게 정수리를 보여주는 정도로 생각하면 된다.

머리 숙여 인사하는 에티켓이 처음에는 혼란스러울 수 있지만, 한국인들은 외국인들이 인사법을 정확히 따르지 않더라도 이해하니 걱정할 필요가 없다. 최선을 다해 노력하는 모습을 보여준다면 문제없을 것이다.

2. Respecting The Opinion Of Elders In Making Decisions

중요한 의사 결정을 할 때, 어른들의 의견을 존중한다

Children in Korea pay huge respect to their parents, immediate family members and grandparents. Children are raised to have the utmost respect for their parents and grandparents throughout their lives, so when it comes to making important life decisions, the opinion of their parents and grandparents is taken seriously.

While some cultures might value independence more and see this as interfering in personal decisions, for Koreans it's a critical part of what makes them Korean. Respect for elders can be seen across Korean culture.

Treating parents respectfully at all times, not eating until elders begin, heeding their advice, taking care of them in their old age, and conducting ceremonies in their memory after their deaths are some of the ways Koreans show respect for their elders. Paying respect to one's elders is emphasized in Korea and is taught from a very young age.

한국의 아이들은 부모, 직계 가족, 조부모를 어른으로 중요하게 생각한다. 아이들은 평생을 부모와 조부모를 존경하도록 교육받으며, 인생에 대한 중요한 결정을 내릴 때 이들의 의견을 진지하게 받아들인다.

어떤 문화권에서는 독립을 더 중시하기 때문에 개인의 결정에 간섭하는 것으로 받아들일 수 있다. 그러나 한국인들에게는 이러한 문화가 그들을 한국인답게 만드는 중요한 요소이다. 웃어른에 대한 공경은 한국 문화 전반에 걸쳐 볼 수 있다.

항상 부모를 공경해야 하고, 어른들이 숟가락을 들기 전까지 첫술을 뜨지 않고, 충고를 받아들이고, 노년에 부모를 모시고, 돌아가신 후에도 제사를 지내는 모습은 한국인들이 어른을 공경하는 방법이다. 한국에서는 웃어른에 대한 공경을 중요시하며 아주 어릴 때부터 이에 대해 교육받는다.

3. Respect For Ancestors

조상에 대한 존경을 표한다

In Korea, during the traditional Lunar New Year, *Seollal* (설날 – pronounced seol-lal) and harvest festival holidays, *Chuseok* (추석 – pronounced chuseok), the whole family gathers and holds a ceremony to pay respect to their ancestors.

Koreans show reverence for their ancestors by performing a memorial rite that includes a ceremonial offering of food, fruits & liquor and bowing in memory of their ancestors before the family sits to enjoy the holiday feast. Serving one's forefathers first, before starting the holiday feast is an important step. Paying utmost respect for ancestors is an extension of the deep culture of respect ingrained in Korean culture. This is done by many people in Korea.

한국에서는 설날과 추석에는 온 가족이 모여 조상에게 차례를 지낸다. 한국인들은 가족들이 모두 앉아 명절 음식을 즐기기 전에 음식, 과일, 술을 바치면서 차례를 지내고 조상들을 추모하는 절을 하며 조상들에게 예를 표한다.

명절 잔치를 시작하기에 앞서 조상들을 섬기는 것은 중요한 절차이다. 조상을 공경하는 것은 한국 문화에 깊게 뿌리 박혀있는 존경 문화의 연장선이다. 많은 한국인들이 차례를 지낸다.

4. Not Talking Loudly On Public Transport

대중교통을 이용할 때 큰소리로 말하지 않는다

Except for brief conversations, most people in Korea try to refrain from creating a fuss on public transportation. It's considered good manners to keep noise to a minimum on public transport at any hour of the day so that people can ride in peace. Foreigners who are new to this might get a lot of *shushes* and stares, but they eventually get used to it. This is why you rarely see loud passengers on buses or subways in Korea.

짧은 대화를 제외하고, 대부분의 한국 사람들은 대중교통에서 소란 피우는 것을 자제하려고 노력한다. 사람들이 평화롭게 대중교통을 이용할 수 있도록 시간대와 상관없이 소음을 최소한으로 유지하는 것을 좋은 매너로 여겨진다. 이를 처음 접하는 외국인들은 주변에서 "쉿"하거나 따가운 눈초리를 받을 수 있지만, 그들은 결국 익숙해진다. 이것이 여러분이 한국 버스나 지하철에서 시끄러운 승객들을 거의 볼 수 없는 이유이다.

5. *Jeong* Or Warm Heartedness And Thoughtfulness

'정' 혹은 따뜻하고 사려 깊은 마음

Though it's a concept that cannot be easily explained, *jeong* (정 – pronounced jeong) is a crucial aspect of Korean culture. A helpful way to picture *jeong* is to think of someone or something with whom/which you've been through good times and bad that you never let go of despite the flaws.

Your relationship supersedes your feelings or emotions and it can be for a person, animal, place, or possession. *Jeong* is not something that can be intentionally or deliberately established, rather it is developed over a long period of time. *Jeong* represents a 'deep-rooted warm-heartedness and affection' that goes beyond mere attachments, be it humans, animals, places, or possessions of sentimental value. In assessing relationships, Koreans evaluate their relationship with the other by the degree and amount of *jeong*.

In a nutshell, it's the core of all the relationships in our culture. Some examples of *jeong* can be a special feeling for a person, your hometown, or even a possession you have owned for a long time. Additionally, as shown in the very first episode of the drama, *Squid Game*, the father's willingness to do whatever he can to get his daughter a birthday present is reflective of the *jeong* aspect of Korean culture.

정 Jeong

쉽게 설명할 수 없는 개념이지만, '정'은 한국 문화의 중요한 요소이다. '정'을 떠올릴 수 있는 좋은 방법은, 흠이 있거나 나쁠 때에도 좋았을 때, 또는 저버리지 않았던 순간을 기억하는 것이다.

느낌이나 감정보다는 관계가 우선시되며, 이는 사람, 동물, 장소 또는 물건과 관련지을 수 있다. 정은 의도적으로 또는 고의적으로 만들 수 없고, 오랜 기간에 걸쳐 발전된다. 정은 인간, 동물, 장소, 또는 물건에 상관없이 단순한 애착을 뛰어넘는, '깊이 맺힌 따뜻한 마음과 애정'을 의미한다. 대인 관계를 평가할 때 한국인들은 서로에 대한 정의 정도에 따라 판단한다.

간단히 말해, 정은 한국 문화에서 모든 관계의 핵심을 이룬다. '정'의 예시로는 사람에 대한 특별한 감정, 고향, 심지어는 오랫동안 소장한 물건에 대한 감정을 들 수 있다. 추가로, '오징어 게임'의 첫 번째 에피소드에서 보여지듯이 딸의 생일 선물을 구하기 위해 모든 것을 감내하는 아버지의 의지가 한국 문화의 '정'을 보여준다.

6. *In-Jeong* Or Sympathy And Care For Others

'인정' 혹은 다른 사람들을 연민하고 배려한다

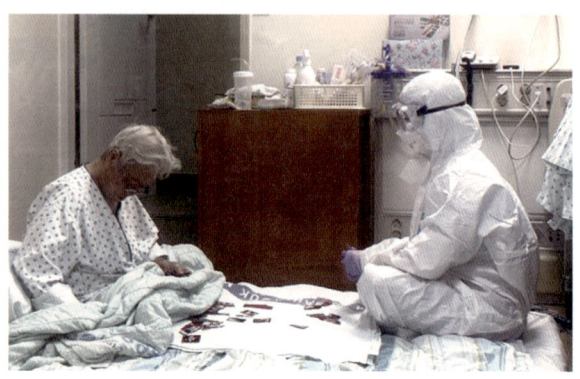

The photo above (provided by the Korean Nurses Association) is a great example of *injeong* (인정 – pronounced in-jeong) or deep-rooted sympathy and care for other people. It shows a nurse taking care of a 93-year-old grandmother who was diagnosed with the coronavirus while suffering from dementia. The nurse is playing *hwatu*, a Korean card game, with the elderly patient to provide her with some company as she recuperates from COVID-19. The nurse's attitude showed her noble behavior that went beyond her duty as a medical practitioner. She does this because of the sense of *injeong*, her desire to care for and have sympathy for others.

위의 사진(대한간호사협회 제공)은 '인정' 또는 다른 사람에 대한 뿌리 깊은 연민과 배려의 좋은 사례라 할 수 있다. 사진 속에서 한 간호사가 코로나바이러스를 진단받은 93세 치매 환자를 돌보고 있는 모습이 보인다. 간호사는 할머니가 코로나19에서 회복하는 동안 한국 카드 게임인 '화투'를 하며 말동무가 되어주고 있다. 이 간호사의 모습은 의료 종사자로서의 책무를 뛰어넘은 숭고한 행동으로 나타나고 있다. 간호사는 타인에 대해 공감하고 돌보고자 하는 '인정'의 마음이 우러나와 행동한 것이다.

7. Showing Utmost Respect For Elders And Seniors

연장자와 상사를 최대한 존중한다

Utmost respect for elders and seniors is one of the strongest pillars of Korean traditions. Showing respect for those who are older than you/seniors doesn't just take place in families. It happens in the workplace and even amongst people who have a close relationship. This cultural trait can be said to have existed as long as Koreans have existed. It is an essential aspect of preserving relationships and showing respect to elders is a sign of being well-mannered and properly educated in Korea. The importance of this can even be seen in the Korean language. There are numerous honorifics that apply to different age groups. Things can be said in Korean in at least four different ways, each denoting different levels of respect and fitting the context or situation. It can get complicated but just remember, having respect for elders and seniors is the most important thing. If you're shown to be at least trying to show respect, you will be well regarded.

연장자와 상사를 최대한 존중하는 것은 한국 전통문화의 중요한 근본 중의 하나이다. 어른에게 예를 표하는 것은 가족뿐 아니라 직장이나 가까운 관계에서도 나타난다. 이러한 문화적 특성은 한국인이 존재한 기간 만큼이나 오래되었다고 할 수 있다. 이는 관계를 잘 유지할 수 있는 필수적인 요소이며, 한국에서는 어른을 공경하는 것이 예의가 바르며 교육을 잘 받았다고 여겨진다. 이에 대한 중요성은 언어에서도 볼 수 있다. 한국어에는 다양한 연령대에 알맞은 수많은 존칭어가 있다. 한 가지를 말해도 적어도 네 가지 다른 방식으로 말할 수 있는데, 이는 각각 존중의 수준, 맥락 또는 상황에 맞추기 때문이다. 복잡해 보일 수 있으나, 연장자와 상사를 존중하는 것이 가장 중요하다는 것을 기억하라. 만약 당신이 최소한 존경심을 표하려는 노력을 보인다면, 좋은 평가를 받을 것이다.

8. *Nunchi*

눈치

In Korea, *Nunchi* (눈치 – pronounced noon-chi) refers to the ability to quickly grasp the other person's mood through words and actions when talking to or being with the other person. For example, for those who are socially awkward, it is said having lack of *nunchi* or *nunchi eoppta* (눈치 없다 – noon-chi eopp-dda). And on the contrary, for a person who is 'quick-witted' and is able to read the room quickly, it is said that the person has substantial nunchi, or *nunchi itda* (눈치 있다 – noon-chi it-dda) or even *nunchi ppareuda* (눈치 빠르다 – noon-chi ppa-reu-da), meaning the person has quick *nunchi*.

For example, a person who has *nunchi* knows the right time to talk to their significant other about important things. *Nunchi* is a fundamental part of Korean interpersonal relationships, and people with quick *nunchi* can form good relationships with others.

한국에서 눈치는 상대방과 대화하거나 함께 있을 때 말과 행동을 통해 상대방의 기분을 빠르게 파악하는 능력을 의미한다. 예를 들어, 분위기 파악에 서투른 사람에게는 '눈치가 부족하다'는 뜻의 '눈치 없다'라고 한다. 반대로 두뇌회전이 빠르고 분위기를 빠르게 파악할 수 있는 사람에게는 '눈치가 빠르다'는 뜻의 '눈치 있다' 또는 '눈치 빠르다'라고 한다.

예를 들어, 눈치 있는 사람은 배우자에게 중요한 이야기를 꺼내야 할 때를 잘 알고있다. 눈치는 한국인들의 대인관계에 있어서 기본이며, 눈치가 빠른 사람은 타인과 좋은 관계를 형성할 수 있다.

9. Yin And Yang In The Korean Flag

태극기의 음양

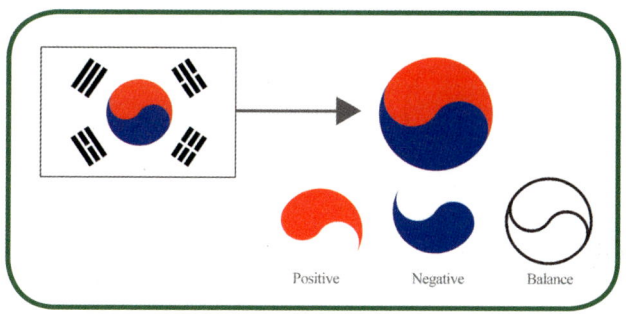

When looking at the South Korean flag, known as the *Taegeukgi* (태극기 – pronounced tae-geuk-gi), you might wonder what the center red and blue part means. This circle represents the balance in the universe. Commonly known as the *yin* (음 – pronounced eum) and *yang* (양 – pronounced yang), the red half symbolizes positive cosmic forces while the blue half symbolizes negative cosmic forces. The 'S' shape it forms when the two colors meet shows the harmony in which the two opposing forces co-exist. Throughout Northeast Asia, this symbol, along with the other symbols in *Taegeukgi*, represents the universe's basic principles such as the cycle of creation, change, and development. It is worth noting that the reason the flag is named *Taegeukgi* is because the red-and-blue circle in the middle is called the *taegeuk*.

태극기를 보았을 때 가운데 빨간색과 파란색 부분의 의미에 대해 궁금해 할 수 있다. 이 원은 우주의 균형을 나타낸다. 흔히 '음과 양'으로 알려져 있으며, 빨간색 반쪽은 '양'의 우주의 힘을, 파란색 반쪽은 '음'의 힘을 나타낸다. 두 색이 만날 때 형성되는 'S'자 모양은 대립하는 두 힘의 조화를 보여준다. 동북아시아 전역에 걸쳐, 이 상징은 태극기의 다른 상징들처럼 창조, 변화, 그리고 발전의 순환 같은 우주의 기본 원리를 나타낸다. '태극기'라는 이름도 가운데에 있는 빨간색과 파란색 원이 '태극'이라고 불리는 것에서 유래되었다.

10. Mysteries About Korean Language – *Hangeul*

한국어에 대한 미스터리 - '한글'

 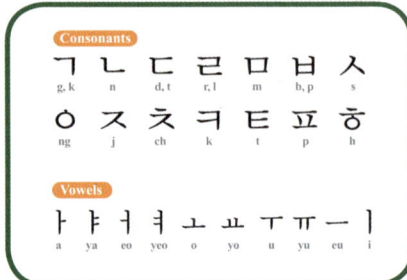

Did you know that *Hangeul* (한글 – pronounced han-geul) is the only language writing system in the world, whose inventor is well known amongst scholars? Long ago, Koreans used Chinese characters for written communication, but the characters were not easy to read or write for most of the population.

The literacy rate in Korea was so low that it inspired King Sejong to create our own writing system with 26 characters (14 consonants and 12 vowels). Additionally, Korea has established October 9th as *Hangeul Day*, a national holiday, to recognize the importance of *Hangeul*. Want to see a picture of the greatest inventor? Check out the 10,000 won bill in Korean currency.

학자들 사이에서 한글이 전 세계 언어 중에서 창시자가 알려진 유일한 언어라는 것을 당신은 알고 있는가? 오래 전에 한국인들은 의사소통을 위해 한자에 의존했지만, 읽고 쓰기에 너무 어려워서 쉽게 사용할 수 없었다.

당시 한국의 글자 해독력이 너무 낮은 탓에 세종대왕은 한국인들을 위한 26개의 고유 문자들을 만들었다 (14개의 자음과 12개의 모음). 추가적으로, 한글의 중요성을 알리기 위해 10월 9일을 한글날로 정하고 국경일로 지정했다. 가장 위대한 발명가의 사진을 보고 싶은가? 한국 만 원짜리 지폐를 확인해보라.

11. No Obligation For Tipping

팁을 주지 않는다

Tipping workers is rare in Korea and therefore, you're not obliged to provide a tip after you take a taxi or eat at a restaurant. You won't, however, offend anyone by leaving a small token of appreciation for their exceptional service. Koreans traveling abroad might, however, forget to tip, but this is merely because they are not used to doing so in Korea.

한국에서는 팁 문화가 일반적이지 않기 때문에 택시를 타거나 레스토랑에서 식사를 한 후에 팁을 줘야 하는 의무는 없다. 물론 당신이 뛰어난 서비스에 대한 작은 감사의 표시로 팁을 주면 아무도 기분 나쁘게 생각하지 않을 것이다. 하지만, 해외여행을 하는 한국인들은 팁을 주는 것을 깜빡할 수 있는데, 이는 한국에는 팁 문화가 일상적이지 않기 때문이다.

12. Helping Others In Need
어려울때 서로 돕는다

There is a custom in Korea of helping others in return for their help called *pumasi* (품앗이 – pronounced poom-a-si), which is also derived from the *jeong* aspect of Korean culture. Long ago, when one farmer had a difficult task to accomplish, such as building a new rice paddy, rather than facing the task by himself, his neighbors would come and help. They would work together to build the new rice paddy, with each neighbor knowing that the farmer would return the favor when they needed help. Even in the survival series *Squid Game*, there are scenes where like-minded people give and receive help.

When the Asian financial crisis hit Korea in 1997, the country was on the verge of bankruptcy. With the common goal of ending this crisis as soon as possible, Koreans came together and donated gold and precious jewelry to pay off the national debt. The amount of gold collected amounted to an incredible 226 tons. Thanks to this gold-collection movement, Korea was able to navigate out of the crisis sooner than anticipated. When our nation faced difficulty, the people came together and sacrificed their financial and sentimental valuables to contribute to the greater good, demonstrating the *pumasi* culture for the whole world to see.

한국에는 '품앗이'라고 불리는 서로 돕는 풍습이 있는데, 이 또한 한국 문화의 '정'에서 유래되었다. 옛날에는 농부가 논농사를 하며 어려워할 때, 혼자 감당하기보다는 이웃이 와서 서로 돕곤 했었다. 서바이벌 시리즈 '오징어 게임'에서도 같은 생각을 하는 사람들이 서로 도움을 주고받는 장면이 나온다.

1997년, 아시아 금융 위기가 한국을 휩쓸었을 때, 한국은 파산 직전인 상태였다. 이 위기를 극복하기 위해 국제통화기금 (IMF)으로부터 외화를 빌려야만 했다. 최대한 빨리 위기를 극복하자는 공통된 목표로, 한국인들은 힘을 합해 국가 부채를 갚기 위해 금과 귀중품을 기부했다. 집계된 금의 양은 무려 226톤에 달했고, 이 '금 모으기 운동' 덕분에 한국은 예상보다 빨리 금융 위기에서 벗어날 수 있었다. 국가가 어려움에 직면했을 때, 한국민들은 함께 뜻을 모아 더 큰 공공의 이익을 위해 그들의 소중한 귀중품을 헌납했고, 전 세계에 모범이 될 수 있는 '품앗이' 문화를 보여주었다.

13. Using Both Hands To Give Or Receive Something

물건을 주고받을 때 양손을 사용한다

Visitors to Korea may not be expected to follow etiquette that is particular to Korean society, but taking the time to learn and apply Korean etiquettes will show that you respect the people you are meeting and their culture. In Korea, it is rude to use just one hand to give or receive something. To show politeness, people use one hand (usually the right) while holding the wrist or forearm with the other hand to receive or pass something. It's something you'll see a lot in Korea so it will be easy to follow. The two-handed rule applies to giving and receiving almost everything, especially if the receiver is an elder/senior.

한국을 방문하는 모든 사람이 한국 사회의 고유한 예절을 지킬 수 있다고 기대하기는 어렵다. 다만 배우는 시간을 갖고 예의를 보여준다면, 당신이 만나는 사람들에게 상대방과 그들의 문화를 존중한다는 것을 보여줄 수 있을 것이다. 한국에서는 물건을 주고받을 때 한 손만 사용하는 것은 무례한 일이다. 공손함을 보이기 위해, 사람들은 한 손으로 다른 쪽 손목이나 팔뚝을 잡고, 다른 한 손(대부분 오른손)으로 무언가를 받거나 건네 주곤 한다. 이러한 모습은 한국에서 많이 보이므로 쉽게 따라 할 수 있을 것이다. 이러한 '양손' 규칙은 거의 모든 것을 주고받는 데 적용되며, 특히 받는 사람이 본인보다 연장자이거나 상사일 경우 더욱 그렇다.

14. Eating Seaweed Soup On Birthdays

생일날 미역국을 먹는다

If you are a K-drama maniac, you might be wondering why Koreans eat seaweed soup on their birthdays. Most cultures have cakes or some other special dish (usually a pastry). But in Korea, it's seaweed soup. Seaweed is traditionally served to women during postnatal care. The seaweed is a great source of iodine and iron, and its detoxifying characteristics make it an ideal food for postnatal recovery. So, Koreans eat seaweed soup on their birthdays to pay respect to their mother.

만약 당신이 한국 드라마를 좋아하는 열성 팬이라면, 한국인들이 생일에 미역국을 먹는 이유에 대해 궁금할 수 있다. 대부분의 타 문화권은 케이크나 다른 특별한 음식(보통 페스츄리류)을 먹지만 한국에서는 미역국을 먹는다. 미역은 전통적으로 산후조리 중인 산모에게 제공된다. 이 해초는 요오드와 철분을 제공하는 훌륭한 공급원이며, 해조류는 요오드와 철의 훌륭한 공급원이며 해독 특성으로 인해 산후회복에 이상적인 식품입니다. 그래서 한국 사람들은 생일에 어머니께 경의를 표하기 위해 미역국을 먹습니다.

15. Only Smiling As Greeting

인사의 표시로 미소만 짓는다

When a foreigner greets a Korean, some Koreans may respond with just a smile. Westerners prefer to exchange verbal greetings or, in noisy places, exchange head nods or simply wave their hands.
They may feel slighted by receiving only a smile in return. However, you may see some Koreans try to express themselves with gestures rather than verbal communication.

외국인이 한국인에게 인사할 때, 일부 한국인들은 그냥 미소만으로 대답할 수도 있다. 서양인들은 말로 인사하는 것을 좋아하며 시끄러운 곳에서는 묵례를 하거나 손을 흔든다.
상대가 답례의 뜻으로 미소만 띠면, 외국인은 무시당했다고 느낄지도 모른다. 그러나 일부 한국인들은 말로 의사소통하는 것보다 제스처로 자신을 표현하려는 모습을 볼 수 있을 것이다.

16. Asking People's Age Before Starting Conversation

대화를 시작하기 전에 나이를 물어본다

In Korea, people often use honorifics and appellations such as *onnie* (언니 – pronounced eon-nie) (older sister) and *oppa* (오빠 – pronounced o-ppa) (older brother) when speaking with someone else.

This is because Koreans generally follow the Confucian tradition of speaking differently with someone who is older versus someone who is younger. This is why Koreans will often ask others' age or the year they were born at the start of a conversation. Korea's Millennial Generation is less likely to ask about age when first meeting someone, but still, it's not surprising for Koreans to reveal to each other the year they were born.

한국에서 사람들은 주로 대화할 때 '언니'와 '오빠'같은 존댓말과 호칭을 사용한다. 이는 한국인들이 일반적으로 나이가 많고 적음에 따라 다르게 말하는 유교 전통을 따르기 때문이다.

이것이 한국인들이 대화를 시작할 때 종종 상대방의 나이나 태어난 연도를 묻는 이유이다. 한국의 밀레니얼 세대는 누군가를 처음 만났을 때 나이에 대해 물어볼 가능성이 적지만, 한국인들한테는 서로에게 태어난 연도를 공개하는 것이 놀라운 일은 아니다.

17. Living With Parents Until Married

결혼 전까지 부모와 함께 산다

In most countries, children move out of their parents' house in their late teens to early twenties, when they go off to college or start their career. If someone is over 25 and still living with their parents, some might consider them to be a loser as being independent is often seen as a rite of passage for young adults. However, in Korea, most children live with their parents until they get married. It doesn't matter if you're a college student or a professional. Some Koreans still live with their parents even in their 30s or 40s. This is considered normal because of Korean *jeong* as well as the love for family, which is an important part of Korean culture.

서양에서는 대부분 10대 후반에서 20대 초반 즈음부터 부모 집을 떠난다. 독립을 성인 통과 의례로 생각하는 것만큼, 25세가 넘었는데도 부모와 함께 산다면 패배자(루저)로 여겨질 수 있다. 그러나 한국에서는 일부는 결혼할 때까지 자녀들은 부모와 함께 산다. 대학생이든 직장인이든 상관없다. 어떤 사람들은 30~40대에도 불구하고 부모와 함께 지낸다. 이는 한국의 정과 더불어 가족에 대한 사랑이 한국문화의 중요한 부분을 차지하기 때문에 일반적인 일로 여겨진다.

18. Keeping The Same Family Name After Getting Married

결혼 후에도 같은 성을 유지한다

In Korea, the norm is for women to continue using their own surname after getting married. For the wife to take their husband's surname is a foreign concept. If you call a Korean woman by her husband's family name, she may be unaware that you are calling her. Generally, children will take their father's family name.

Korean women keep their family name after marriage because one's name is something that is inherited from their parents & ancestors and should not be changed.

한국에서는 여성들이 결혼 후에도 자신의 성을 계속 사용하는 게 일반적이다. 아내가 남편의 성을 따르는 것은 외국의 개념으로 받아들여진다. 만약 한국 여성을 그녀 남편의 성으로 부르면, 그녀는 자신을 부르고 있다는 것을 모를 수도 있다.
일반적으로 아이들은 아버지의 성을 따른다. 한국 여성들의 성은 그녀들의 부모와 조상으로부터 물려받은 것이기 때문에, 결혼 전과 같은 성을 유지한다.

19. Gifting Toilet Paper/Detergent As Housewarming Presents

집들이 선물로 화장지 또는 세제를 준다

If you are invited to a housewarming party in the States, you might bring food, snacks, or a bottle of wine. But housewarming parties in Korea known as *jipdeuri* (집들이 – pronounced jip-deu-ri) have a different tradition. Koreans bring rolls of toilet paper or laundry detergent, the two most common *jipdeuri* gifts. The meaning behind giving toilet paper is that the giver is wishing the recipient continued success and good health, just as easily as the paper unravels from the roll. If you are worried your host might receive enough toilet paper to last them seven generations, you can opt for paper towels or facial tissues.

The meaning behind giving detergent is the bubbles from the detergent symbolize prosperity, wealth, and stability. For Koreans, cleaning supplies symbolize luck and good fortune to the person who just moved into a new home and having these basic household items that can be used for months are useful gifts for people who have just moved.

In Korea, there is not much to think about when buying a housewarming gift. All you have to do is pick up one of the items mentioned above and you're good to go!

만약 미국에서 집들이에 초대되면 음식, 과자 또는 와인 한 병을 가져갈 것이다. 하지만 한국 집들이 모임은 다른 전통을 가지고 있다. 한국인들은 가장 흔한 집들이 선물인 두루마리 휴지나 세탁세제를 가져간다. 마치 화장지 롤이 술술 풀리듯이, 선물을 받는 사람이 계속해서 성공하고 건강하기를 기원한다는 뜻을 지닌다. 만약 집주인이 휴지를 너무 많이 받을까봐 걱정 된다면, 종이행주나 미용화장지를 가져가도 된다. 세제를 선물하는 이유로는 세제에서 나오는 거품이 번영, 부 그리고 안정을 상징하기 때문이다.

한국인들에게 청소용품은 새로운 집으로 이사 간 사람에게 행운과 부를 가져다 준다는 의미도 있지만, 몇 달 동안 쓸 수 있는 기본 생활용품은 이사한 지 얼마 안 된 사람들에게 요긴한 선물이 된다.

한국에서는 집들이 선물을 살 때 고민할 필요가 별로 없다. 위에 언급된 물건 중 하나를 골라 가면 준비 완료다!

20. Life Prediction Ceremony On The First Birthday

돌잔치 때 인생을 예측한다

An important Korean ceremony is the celebration of a baby's first birthday, known as *doljanchi* (돌잔치 – pronounced dol-jan-chi). The ceremony is held to bless the child with a prosperous and healthy life. The highlight of this ceremony is where a variety of objects are placed in front of the baby and the baby is encouraged to grab one or two items.

Each of the items represents a different future for the child in terms of career or lifestyle. A brush, a gavel, or a stethoscope may mean that the baby will become a scholar, a legislator, or a medical doctor someday. If the baby picks up coins or threads or a copper plaque, this may mean that the baby will be wealthy or live a long life or become a government official someday.

More recently included objects are things like a microphone, a computer mouse, or a tiny soccer ball representing a future in the entertainment industry, software engineering, or athletics.

한국에서 중요한 잔치 중 하나는 아기의 첫 생일을 축하하는 '돌잔치'이다. 이 잔치는 아기의 풍요롭고 건강한 삶을 축복하고 기원하기 위한 것이다. 이 잔치의 하이라이트는 '돌잡이'로 아기 앞에 다양한 물건을 두고 아기에게 한두 가지 물건을 잡으라고 독려한다.

각 물건은 직업이나 생활방식과 같은 아이의 특정한 미래를 나타낸다. 붓펜이나 판사봉 또는 청진기는 아기가 언젠가 학자, 법률 전문가, 또는 의사가 되리라는 것을 의미한다. 만약 아기가 동전이나 실 또는 구리로 된 명판을 집어 든다면, 부자가 되거나 장수하거나 언젠가 공무원이 되리라는 것을 의미한다.

최근에는 마이크, 컴퓨터 마우스 또는 작은 축구공이 포함되었으며, 이 물건들은 각각 연예인, 소프트웨어 엔지니어 또는 운동선수로서의 미래를 상징한다.

21. Celebrating In Days Rather Than Years

몇 년이 아닌 일 수로 기념하기

Koreans often recognize a 100 day anniversary, having a celebration when a baby is 100 days old or a couple has been dating for 100 days. The roots of this go back to a time when the survival rate of newborn babies was very low due to the various diseases that were prevalent at that time. To protect their children and to ensure the best chance for survival, parents refrained from taking their baby outdoors until the 100th day after the child's birth. On the 100th day, the family would pray and give food offerings in thankfulness that the child survived through the most difficult period.

Korean parents still celebrate the 100th day after their child's birth even to this day, in addition to their child's one-year birthday, and couples also celebrate their 100th day anniversary, counting the days from when they 'officially' started dating. Western couples, especially those who are still in school, might celebrate their one-month and two-month anniversaries. Koreans consider the 100th day as the first important milestone in a relationship. It can be seen as a sign of a deeper relationship when a Korean couple says "We are 100 days in." Some couples go as far as to celebrate their 200th, 300th, 400th… you get the gist. But out of these, the 100th is considered most important since it's the first milestone.

한국인들은 아기가 태어난 지 100일이 되었거나, 커플이 데이트하기 시작한 지 100일이 되는 날을 종종 기념한다. 100일을 기념하는 기원은 각종 유행성 질병으로 신생아 생존율이 매우 낮았던 시대로 거슬러 올라간다. 아기를 보호하고 생존을 보장받기 위해 부모들은 아기가 태어난 지 100일째 되는 날까지 집 밖으로 데리고 나가지 않았다. 100일째 되는 날, 가족들은 아이가 가장 힘든 시기를 이겨낸 것에 감사하는 마음으로 기도하고 음식을 만들어 잔치를 했다. 지금까지도 한국 부모들은 자녀의 첫돌 뿐만 아니라 백일도 기념한다.

또한 연인들은 '공식적으로' 사귀기 시작한 날로부터의 100일째를 기념하곤 한다. 서양에서는 특히, 아직 학교에 다니는 연인들이 한 달과 두 달 기념일을 축하할지도 모른다. 한국인들은 100일 기념을 관계의 첫 중요한 이정표로 여긴다. 한국 연인들이 "우리 100일"이라고 말하는 것은 더 깊은 관계의 징표로 볼 수 있다. 어떤 커플들은 200일, 300일, 400일까지 축하까지 한다. 하지만 이 중에서도 100일이 첫 번째 이정표이기 때문에 가장 중요하게 여긴다.

22. Gently Patting Others' Children
남의 아이를 부드럽게 쓰다듬는다

Some older Koreans often touch or pat a total stranger's child. It means that they think the child is cute. Although accepted by some Koreans as harmless and even complimentary, it could be cause for concern for the child's parents. This behavior reflects the old culture and the sentiments of caring not only for one's own children but also for their neighbor's children, and maybe accepted as normal behavior by Koreans. However, many parents might find this rude these days.

몇몇 나이 든 한국인들은 낯선 사람의 아이를 만지거나 쓰다듬기도 한다. 그것은 단지 그 아이가 귀엽다는 것을 의미한다. 비록 일부 한국인들에게는 무례한 행동이 아닌 칭찬으로 받아들여질 수 있지만, 이런 행동은 자기 자신의 아이뿐만 아니라 이웃의 아이도 함께 돌보던 옛 문화와 정서를 반영한 것으로 한국인들에게는 일상적인 행동으로 받아들여질 수 있지만 최근에 젊은 부모들에게는 무례한 행동이 될 수 있다.

23. Being Friendly With Strangers

낯선 사람들에게 호의적이다

When visiting Korea, don't be surprised if people ask you questions while you're riding the subway or in a market. Students in Korea start their formal English education from the third grade of elementary school and they may want to practice with someone who is a native speaker, even if it's for just a few minutes. If you're lost and need directions, you are always in the right place because it's Korea; most people will help you no matter what.

한국을 방문할 때, 사람들이 지하철이나 시장에서 당신에게 갑자기 질문해도 놀라지 말아라. 한국 학생들은 초등학교 3학년 때부터 정규 영어 교육을 시작하는데, 단 몇 분 만이라도 원어민과 영어를 연습하기를 원할 수도 있다. 만약 당신이 길을 잃어 도움이 필요할 때, 한국에선 대부분의 사람들이 기꺼이 도와줄 것이기 때문에 항상 괜찮을 것이다.

24. Bumping Into Others In Crowded Places

혼잡한 장소에서 다른 사람들과 부딪힌다

People can't help but bump into others in overcrowded Korean cities. Koreans think that this is unavoidable, and no one seems to mind, unless the contact really hurts.
On the other hand, some foreigners may find this form of physical contact with strangers to be irritating since they are accustomed to maintaining their own personal space in public places.

한국 도시와 같이 인구밀도가 높은 곳에서는 다른 사람들과 부딪힐 수밖에 없다. 한국인들은 이러한 접촉이 불가피하다고 생각하며, 크게 아프지 않을 정도면 신경 쓰지 않는다.
반면, 공공장소에서도 그들만의 개인적인 공간을 유지하는 데 익숙한 몇몇 외국인들은 낯선 사람들과의 이러한 신체 접촉이 짜증으로 다가올 수 있다.

25. Standing Too Close

너무 가까이 서 있는다

Many cultures have different ideas about how much personal space is needed to feel comfortable. Personal space is like a no-fly zone or a bubble around each person. It is an extension of them. If another person, especially a stranger, enters that space; it might seem like a personal violation. For many Westerners, if they can feel someone else's body heat, the other person is definitely too close for comfort. However, people in South Korea have a different concept of personal space. It is not uncommon for strangers to stand or walk closely with each other on the streets, shopping centers, or subways. Also, Koreans tend to crowd together in close proximity, especially if waiting in line, even if there is more space around them.

대부분의 문화권에서는 편안하게 느끼는 개인 공간에 대한 다양한 의견들을 갖고 있다. 개인 공간은 비행금지 구역이나 사람을 둘러싸고 있는 일종의 버블과 같다. 어찌 보면 개인의 연장선이라고 볼 수 있다. 만약에 다른 사람, 특히 낯선 사람이 그 공간을 침범한다면 이는 무례한 행동이라고 할 수 있다. 예를 들어, 많은 서양인들은 상대방의 체온이 느껴지는 거리에 있을 때 불편함을 느끼기 시작한다. 하지만 한국인들의 생각은 다르다. 길거리, 쇼핑센터 또는 지하철에서 사람들이 가까이 서 있거나 서로 밀착해서 다니는 광경을 흔하게 볼 수 있다. 특히 줄을 서서 기다리는 경우, 한국인들은 주변에 공간이 있더라도 가깝게 모여드는 경향이 있다.

26. Avoiding Eye Contact During Conversations

대화 중에 눈을 마주치지 않는다

In Korea, it is considered rude to look directly into someone's eyes during a conversation, especially if you are being scolded or rebuked by your seniors/elders. In some cultures, making eye-contact is a non-verbal part of communication; however this is not the same in Korean culture.

For example, when a Korean student is being scolded by his/her teacher, he or she usually looks down, towards the floor. But this could be startling for foreign teachers working in Korea, interpreting it as the student's lack of interest, honesty or respect towards the teacher. They might see it as a signal that the student is refusing to listen or simply is not interested in what the teacher is saying.

You might have noticed this attitude in many of the K-dramas where people look down towards the floor when in front of their superiors, especially when they're in trouble.

한국에서는 특히 선배나 어르신에게 혼나거나 질책을 받고 있을 때 상대방의 눈을 똑바로 응시하는 것은 무례한 행동으로 여겨진다. 몇몇 문화권에서는 눈을 마주보는 것이 비언어적인 의사소통의 일부지만, 한국 문화에서는 그렇지 않다.

예를 들어, 한국 학생이 선생님으로 부터 혼날 때, 학생은 보통 바닥 쪽을 내려다본다. 그러나 한국에서 일하는 외국인 교사들에게는 이것이 당혹스럽게 다가올 수 있는데, 그것은 학생이 선생님에 대한 관심, 정직한 자세, 또는 존경심이 부족하다고 해석하기 때문이다. 그들은 아이가 선생님의 말을 듣기를 거부하거나 단순히 관심이 없다는 신호로 볼 수도 있다.

많은 한국 드라마에서 특히 윗사람에게 꾸지람을 듣는 장면마다 사람들이 고개를 숙이고 바닥을 보고 있는 장면을 통해 이러한 태도를 눈치챘을 수 있다.

27. Covering Mouths While Laughing

웃을 때 손으로 입을 가린다

You will probably see some Korean women covering their mouths when laughing. This doesn't imply that they are shy. Some women will even hide a small laugh behind their hands. This is merely a sign of modesty and politeness. On the other hand, this could give an impression to non-Koreans that Koreans are shy or don't express themselves openly.

당신은 아마도 웃을 때 입을 가리는 몇몇 한국 여성들을 보게 될 것이다. 이 행동은 그들이 수줍음을 탄다는 것을 의미하지 않는다. 어떤 여성들은 작게 웃을 때에도 손으로 입을 가릴 것이다. 이는 단지 겸손함과 공손함의 표시일 뿐이다. 반면에, 이것은 외국인들에게 한국인들이 수줍음을 많이 타거나 공개적으로 자신을 표현하지 않는다는 인상을 줄 수도 있다.

28. Pouring Drinks For Others

다른 사람에게 술을 따라준다

In Korea, liquor and beer are served in a bottle and people will pour drinks for others at the table as a way to show friendliness for their friends and co-workers (and as a sign of respect for their seniors). Additionally, it's mostly the younger ones being courteous by pouring drinks for their elders and seniors. So, next time you meet your Korean acquaintances, you know how not to offend them while drinking.

한국에서는 술과 맥주가 병째로 제공되며 친구와 동료에 대한 친근감의 표시로 (더불어 연장자에 대한 존경의 표시로) 다른 사람의 잔을 채워준다. 추가로, 대부분 젊은이들은 연장자니 상사에게 예를 갖추어 술을 따른다. 이제 당신이 한국 지인을 만날 때, 술자리에서 기분을 망치지 않게 하는 방법을 알 수 있을 것이다.

29. Serving Food More Than Once

음식을 한 번 이상 덜어준다

There will be plenty of instances where, despite ordering your own separate meal, you will be asked to share some part of your food with your Korean friends. And, when it comes to sharing food, Koreans always offer to share more than once as we consider offering just once lacks consideration of others or *jeong*. So, be sure to always offer to share your food more than once and don't be shy about accepting an offer of food from others.

당신이 개인적으로 음식을 주문했는데도 불구하고, 한국 친구들과 식사할 때 다 같이 나눠 먹어야 하는 경우가 있을 것이다. 한국인들은 음식을 한 번만 덜어주면 남에 대한 배려나 정이 없다고 생각하기 때문에 음식을 나눠 먹을 때 항상 한 번 이상 덜어주곤 한다. 따라서 상대방에게 항상 한 번 이상 덜어주는 것을 잊지 말고 그들이 덜어주는 음식에 대해 쑥스러워할 필요는 없다.

30. Not Drinking Directly From Bottle

병에 입을 직접 대고 마시지 않는다

Traditionally in Korea, it is courteous to pour your drink into a glass rather than sipping directly from the bottle or can.

However, as cultures and traditions are evolving you can see many youngsters drinking directly from the bottle and there's no hardcore rule against it.

한국에서는 전통적으로 병이나 캔에 직접 입을 대고 마시는 것보다 음료를 컵에 따라 마시는 것이 예의에 걸맞은 행동으로 여겨진다.

그러나 문화와 전통이 시대에 따라 변하면서 요즘은 많은 젊은이들이 병에 입을 대고 마시는 것을 볼 수 있으며 이러한 행동을 규제하는 엄격한 룰은 없다.

31. Waiting Until The Oldest Person Starts Eating

최연장자가 식사를 시작할 때까지 기다린다

In Korea, once you're seated at the table, it is common etiquette to wait until the oldest person starts eating before you start enjoying your meal.
Also, before taking your first bite, it's polite to say "Jal-meok-get-sseumnida" or "I'll eat well" as a way to express your gratitude for the host. Add this phrase to your Korean dining etiquette list and you will never have to worry about offending your Korean friends.

한국에서는 테이블에 앉고 나면, 연장자가 식사를 먼저 시작할 때까지 기다리는 것이 일반적인 매너이다.
또한, 첫술을 들기 전에 호스트에게 감사를 표현하기 위해 "잘 먹겠습니다"라고 말하는 것이 중요하다. 한국에서 식사할 때 이같이 말한다면 한국인 친구들을 불쾌하게 만들 일은 없을 것이다.

32. Having More Side Dishes Than The Main Meal

메인 요리보다 더 많은 반찬

When you go to a restaurant in most parts of the world, you generally expect one or two side dishes to be served with your entrée. But in Korea, you might be pleasantly surprised that with every meal, at least three or four side dishes, called *banchan* (반찬 – pronounced ban-chan), are provided. Some traditional restaurants even provide as many as twelve different *banchan*, along with the main dish! What might shock you even more is that most banchan dishes can be replenished for free. When visiting a Korean restaurant, don't worry if the waiter brings over some small dishes first. It's only the beginning!

세계 대부분의 레스토랑에 가면, 보통 메인 메뉴와 함께 한두 가지 곁들이는 요리가 나올 것으로 예상한다. 하지만 한국에서는 매 끼니마다 적어도 3~4가지 반찬이 제공된다는 사실에 기분 좋게 놀랄지도 모른다. 몇몇 전통 식당들은 주 식사와 함께 무려 12가지의 반찬을 제공하기도 한다! 여러분을 더욱 놀라게 할 사실은 거의 모든 반찬이 무료로 리필이 가능하다는 것이다. 한국 식당을 방문할 때 웨이터가 먼저 작은 접시 몇 개를 가져와도 걱정하지 마라. 그것은 시작에 불과하다!

33. Using Both Hands To Pour Drinks

양손으로 술 따르기

While pouring alcohol, Koreans generally use both their hands to pour drinks.

And similarly, when someone is pouring a drink for them, they hold their glass with two hands. Although it is not strictly required, it is considered polite to turn your face away from an older person or your business senior while drinking.

술을 따를 때 한국인들은 잔을 두 손으로 병을 잡고 따른다.

마찬가지로 술을 받을 때도 잔을 두 손으로 잡는다. 강요되는 것은 아니나, 자신보다 나이가 많은 어른이나 상사와 술을 마실 때는 얼굴을 살짝 옆으로 돌리는 것이 예의 바른 행동이라고 여겨진다.

34. Putting Food In Others Mouth

음식을 상대방의 입에 넣어 준다

Some Koreans may prepare a *ssam* for someone they feel is a close friend at the table. A *ssam* (쌈 – pronounced ssam) often is meat wrapped in lettuce. They may offer to put the *ssam* into the mouth of a person that they like. While giving a *ssam* is considered by Koreans to be a sign of friendship, foreigners may not want someone to touch the food they are going to eat.

어떤 한국인들은 친한 사람에게 '쌈'을 싸주기도 한다. 쌈이란 상추 같은 채소 속에 고기를 넣고 싸서 먹는 음식이다.
이성 간에도 서로의 입에 '쌈'을 넣어줄 수도 있다. 한국에서는 이를 우정의 표현으로 여기지만, 외국인들은 자기 음식을 다른 사람이 건드리는 것을 원하지 않을 수 있다.

35. Reaching Across The Table To Grab Something

식사 도중에 식탁을 가로질러 물건을 집는다

Koreans prefer to reaching across the table to grab something rather than asking another to pass it to them. They do so because they don't want to interrupt those who are eating.

However, dining etiquettes may vary from culture to culture and some people may prefer asking a person who is near an item to pass it to them in order to avoid others passing their hands over someone else's food.

한국인들은 다른 사람에게 음식을 건네 달라고 부탁하기보다는 식탁을 가로질러 손을 뻗어 직접 집으려고 한다. 이는 식사 도중에 사람들을 방해하고 싶지 않기 때문이다.
그러나 식사 예절은 문화마다 다를 수 있어서, 일부는 다른 사람의 팔이 식사 중에 음식 위로 지나가는 걸 피하고자, 가까이 있는 사람에게 물건을 건네 달라고 부탁하는 것을 선호할 수 있다.

36. Not Eating The Last Bite Left On Plate

접시에 남은 마지막 한 입을 먹지 않는다

In many cultures, eating the food put before you to the last bite is seen as a sign that the meal was good. However, in Korea, leaving the last bite on the plate is considered by many to be good manners. This is especially true if you're invited to a Korean host's home.

Most elderly people still leave the last bite on their plate, but some young Koreans might not observe this custom and they may not even be aware of this part of Korean culture.

많은 문화권에서는 앞에 놓인 요리의 마지막 한 입까지 먹는 것이 만족스러운 식사를 뜻한다고 여긴다. 하지만 한국에서는 마지막 한 입을 남기는 것을 좋은 예의로 여긴다. 특히 당신이 한국인의 집에 초대받았다면 더욱 그렇다.

대부분의 연장자들은 아직도 마지막 음식 한 점을 접시에 남겨두지만, 일부 한국 젊은이들은 이런 관습을 따르지 않을 수 있으며, 심지어 이러한 한국문화를 알지 못할 수도 있다.

37. Waiting Until The Oldest Person Has Finished Eating Before Leaving

연장자가 식사를 마칠 때까지 기다렸다가 자리에서 일어난다

As mentioned earlier, respect for elders is something that is ingrained in Korean etiquette and traditions. In Korea, it is common to wait until the oldest person at the table finishes before getting up and leaving. Also, you should try to eat at the same pace as those around you. Although it may seem like a long list of 'do's and don'ts' for dining with Koreans, once you have dined a couple of times in South Korea, you will get used to it.

앞서 언급했듯이, 연장자에 대한 존경은 한국의 전통과 예절에 깊이 배어 있다. 한국에서는 연장자가 식사를 마칠 때까지 기다렸다가 자리에서 일어나는 것이 일반적이다. 또한 주변 사람들과 같은 속도로 음식을 먹을 수 있도록 노력해야 한다. 당신이 한국인과 함께 식사할 때 '해야 할 것'과 '하지 말아야 할 것'이 많아 보이지만, 일단 한국에서 몇 번 식사를 해보면 금방 익숙해질 것이다.

38. Leaving Quickly After Eating

식사 후 바로 자리에서 일어난다

When Koreans are dining at a restaurant, as soon as everyone is finished eating, they generally move to a different location for coffee or drinks.

Westerners, on the other hand, like to stay put for a few minutes after dining to give their meal time to settle, and then they may switch to a different location.

한국인들은 식당에서 식사할 때, 일반적으로 모두 식사가 끝나면 바로 커피나 음료를 마시기 위해 다른 장소로 옮긴다.

반면에 서양인들은 식사 후 소화할 수 있도록 몇 분 동안 그 자리에 있는 것을 좋아하며 이후 다른 장소로 이동하곤 한다.

39. Never Stick Silverware Straight Up In A Bowl Of Rice While Eating

식사할 때 절대로 밥그릇에 수저를 꽂아 두지 않는다

Koreans do not stick their spoons or chopsticks vertically into their rice. This behavior is reserved for funeral ceremonies or for a *jesa* (제사 – pronounced je-sa), a memorial service where food is offered in memory of the deceased. This is why foreigners should refrain from doing this; it would be considered rude and offensive.

한국인들은 숟가락이나 젓가락을 밥에 수직으로 꽂지 않는다. 이 행동은 장례식이나 조상을 위해 음식을 바치는 의식인 '제사'를 지낼 때만 사용된다. 그렇기 때문에 외국인들은 이러한 행동을 삼가야 한다. 이것은 무례하고 모욕적인 행동으로 여겨질 수도 있다.

40. Drinking On Weekdays

주중에 술을 마신다

Drinking is a part of Korean work culture with Koreans often going out with their colleagues for dinner and multiple drinks on weekday evenings. To some foreigners, this might seem like Koreans drink too often and too much as generally people in other countries will limit their drinking on weekday nights, and drink more significant liquor on the weekend.

음주는 한국 직장 문화의 일부로 여겨지고 한국인들은 동료들과 저녁 식사를 하고 평일에도 술을 마시곤 한다. 일부 외국인들에게 이러한 모습은 한국인들이 술을 너무 자주 그리고 너무 많이 마시는 것처럼 보일지도 모른다. 일반적으로 다른 나라 사람들은 평일 밤에 술을 마시는 것을 자제하고, 주말에 술을 더 많이 마시기 때문이다.

41. Engaging In Excessive Small Talk

장황하게 잡담을 한다

Koreans regard it as somewhat unfriendly to deal with the specifics of business before establishing a rapport. In general, they would like to engage in small talks before entering the main topic, asking simple questions such as enquiring about your flight or the weather or even asking whether you have eaten lunch or dinner may be exchanged. Westerners, feeling that time is money, generally want to conduct their business efficiently in the least possible amount of time. Especially American businesspeople visiting Korea on very tight travel schedules may be frustrated by what appears to be delays in getting down to business.

한국인들은 대화 분위기를 만들기 전에 곧바로 사업의 본론에 들어가기는 것을 다소 비우호적이라고 생각한다. 일반적으로 본론으로 들어가기 전에 간단한 대화를 나누고자 한다. 항공일정이나 날씨를 물어보거나, 심지어 점심이나 저녁을 잘 먹었는지 묻는 간단한 질문이 오갈 수 있다. "시간은 돈"이라고 생각하는 서양인들은 일반적으로 그들의 비즈니스를 최대한 짧은 시간 내에 효율적으로 수행하기를 원한다. 특히 매우 빠듯한 일정으로 한국을 방문하는 미국인 사업가들은 "직접 말하지 않고 둘러 말하는" 듯한 한국인들의 태도에 답답함을 느낄 수도 있다.

42. Sucking Air Between Teeth

이 사이로 공기를 빨아들인다

Sometimes a Korean will make a hissing sound in response to a question. While some may interpret this as a negative response, or that their request is being denied, for Koreans, they are merely using this as a quick filler response while considering what they want to say. All they mean by sucking air between their teeth is, "Uhmm, let's see…."

때때로 한국인이 질문에 대한 대답으로 "씁" 하는 소리를 낼 것이다. 어떤 이들은 이것을 부정적인 반응이나 부탁에 대한 거절로 해석할지 모르지만, 한국인들에게 이는 단지 바로 답변하기 전에 생각하는 반응이다. 이 사이로 공기를 빨아 들이며 "으음", "어디 보자…"라고 말하는 것일 뿐이다.

43. Saying "Our Mother" / "Our Brother"

"우리 어머니" / "우리동생"이라고 한다

You may be surprised when talking with Koreans, when they refer to "our mother" or "our brother", even while talking to non-siblings. Koreans generally say "our mother", "our brother" etc. instead of "my mother" or "my brother." This is because of Koreans' group-oriented mindset, rather than thinking of themselves as an individual. However, more and more young Koreans are becoming westernized and increasingly individualistic these days.

한국인과 대화할 때, 친형제가 아닌 사람에게도 "우리 어머니", "우리 형(동생)"이라고 말하는 것에 깜짝 놀랄 수 있다. 한국인들은 일반적으로 "나의 어머니", 또는 "내 나라" 대신 "우리 어머니", "우리나라" 라고 일컫는다. 이것은 한국인들이 개인보다는 집단 지향적인 사고방식을 갖고 있기 때문이다. 그러나 요즘은 점점 더 많은 한국 젊은이들이 서구화되며 점차 개인주의화 되고 있다.

44. Covering Up At The Beach

해변에서 옷을 껴입는다

Koreans tend to be very careful regarding their skin, which is why, for example, they use parasols in sunny weather. This extends to going to the beach as well. Foreigners who like to enjoy the sun, visiting a Korean beach may be surprised to see how much skin Koreans cover up while hanging out on the beach. It's common to see people wearing wide-brimmed hats and rash guards on their arms and legs.

한국인들은 피부를 잘 관리하는 편이어서 햇빛이 많은 날씨에는 양산을 쓰기도 한다. 이러한 모습은 해변에서도 나타난다. 햇빛 받는 것을 좋아하는 외국인들은 한국인들이 해변에서 피부를 많이 가리는 것을 보고 놀랄지도 모른다. 챙이 넓은 모자를 쓰고 래시가드로 팔과 다리를 가리고 있는 사람들을 흔히 볼 수 있다.

45. Refusing Gently

부드럽게 거절한다

Koreans don't like to say "no" directly because they don't want to hurt the other person's feelings. They may pick up some non-verbal cues to convey their refusal or disagreement. To avoid confrontation or rudeness, Korean conversations, as you might have seen in many K-dramas, are full of "Maybe...", "I think it's possible that…" However, some foreigners who are accustomed to hearing a "no" for "no" might be confused. They want to hear clear, direct, and factual statements.

한국인들은 상대방의 감정을 상하게 하지 않기 위해 "아니오"라고 직접적으로 말하는 것을 좋아하지 않는다. 거절이나 이견을 나타내기 위해 비언어적인 신호를 활용할 수도 있다. 많은 한국 드라마에서 보이는 것처럼, 한국인들은 갈등이나 무례한 상황을 피하고자 "아마도…", "제 생각에는…"을 자주 사용한다. 그러나 "아니오"가 "아니오"를 의미하는 것에 익숙한 일부 외국인들은 이러한 표현에 혼란스러워할 수 있다. 외국인들은 명확하고 직접적이며 사실에 기반한 대답을 듣길 원한다.

46. Never Calling Each Other By Name

서로를 이름으로 부르지 않는다

Not calling people by their given name is a part of Korean mannerisms especially in social settings. In fact, doing otherwise is considered very disrespectful for some Koreans unless in either close relationship with that person or occupying a higher level. Most of the time, Koreans use titles in their speech when addressing one another, as in manager Kim or director Lee. Relatively few people who are close to you will call you by your given name. In professional settings especially, refrain from calling a person by their first name unless they have asked you to do so.

회사나 사회에서 이름을 호칭하여 사람을 부르지 않는 것은 한국 예절의 한 단면이다. 실제로, 상대방을 이름으로 부르는 것은 한국인들에게 매우 무례하게 보일 수 있다. 한국에서는 사람을 이름으로 부르는 것은 당신이 그 사람과 친하거나 상위 직책에 있다는 것을 의미한다. 대부분 한국인들은 공손하게 표현하기 위해 직함을 사용하여 상대방을 칭한다. 따라서, 상대적으로 아주 가까운 소수의 사람들만이 당신을 이름으로 부를 것이다. 특히 공적인 상황에서는 상대방의 기분을 상하게 할 각오를 하지 않은 이상, 상대방의 이름을 부르는 것을 삼가야 한다.

47. Never Pointing At Others With Index Finger

검지로 상대방을 가리키지 않는다

As in many other cultures, pointing at someone with your index finger is extremely rude in Korea, mostly because it is associated with blaming someone for their actions or pointing out their mistakes. However, pointing with the whole palm is considered respectful.

다른 문화권과 마찬가지로, 한국에서 둘째 손가락인 검지로 누군가를 가리키는 것은 매우 무례한 행동이다. 이것은 주로 누군가의 행동을 비난하거나 그들의 실수를 지적하는 경우와 연관되어 있기 때문이다. 그러나 손바닥을 펴서 가리키는 것은 좀 더 공손하다고 받아들여진다.

48. Making Last Minute Plans

마지막 순간에 일정을 잡는다

Korean business or social schedules are much more flexible than those of Westerners. While Koreans most frequently accommodate the schedule of the most senior person involved, most foreigners want to carefully allocate their time in advance. When living and working in Korea, most foreigners might be surprised or unhappy to receive information about dinner gatherings, parties, or new work schedules just before the event takes place.

한국인의 사업 또는 사교 일정은 서양인들보다 훨씬 유동적이다. 한국인들은 업무와 관련해서 가장 직급이 높은 상사의 일정에 맞추는 경우가 많지만, 대부분 외국인들은 사전에 자신의 시간을 어떻게 쓸 것인지 계획하기를 원한다. 한국에 거주하면서 일하고 있는 대부분의 외국인들은 회식, 파티 또는 새로운 업무 일정을 직전에 통보받으면 놀라거나 불쾌하게 느낄 것이다.

49. Not Giving Opinions Until Asked

질문받기 전까지 의견을 제시하지 않는다

In many situations, especially in business settings, Koreans prefer to wait until they are directly asked before giving an opinion. This strongly contrasts with people from Western cultures, who are freer to speak their minds anytime the urge strikes. Of course, even in the western countries, subordinates with an eye to the future will be interested in what the boss thinks before expressing their opinions.

한국인들은 많은 상황에서 특히 회사에서 의견을 표출하기 전에 직접 질문을 받을 때까지 기다리는 것을 선호한다. 이는 원할 때 언제든지 본인의 의견을 이야기하는 서양 문화와는 대조적이다. 물론 서양에서도 자신의 미래를 생각하는 부하직원들은 의견을 자유롭게 표출하기 전에 상사가 무엇을 생각하는지에 관심을 가질 것이다.

50. Doing Everything Quickly
모든 것을 빨리빨리 처리 해야 한다

One of the characteristics of Koreans is the 'quickly quickly' (빨리 빨리 — pronounced *ppalli ppalli*) culture. The tendency to finish a task ASAP and check the results right away is embedded in this 'quickly quickly' culture. Whether it is eating a meal or doing work, Koreans prefer to do it fast. Many early adopters want to try the new products as soon as they release, and in elevators, the closing button is the most used button.

A fun fact is that Korea's country calling code is +82 which sounds like 'quickly' in Korean (8-2, *pal-i* and *ppalli*).

한국 사람의 특징 중에 '빨리빨리' 문화라는 것이 있다. 무엇이든 빠르게 일을 처리하고 바로 결과를 확인하고 싶어하는 성향이 '빨리빨리'에 녹아있다. 밥 먹을 때나, 업무를 처리할 때도 빨리하는 것을 선호한다. 신제품이 출시되었을 때도 빨리 체험하고 싶어하는 얼리어답터가 많고, 엘리베이터 버튼 중 문을 빨리 닫고 이동하려고 문 닫기 버튼이 가장 많이 사용된다.

흥미로운 사실은, 한국의 국제전화번호가 82번이다. 이는 한국어 발음상 '빨리'와 비슷하다 (8-2 팔-이, 빨리).

51. Regarding Seniority More Than Achievements/Ability

성과/능력보다 연차를 더 고려한다

It is quite common in Korean companies for promotions to be based on how long someone has worked there. The upper echelon in a large company is usually composed of elderly men. Likewise, in any office or department of a Korean company, managers at every level are often older than their subordinates.

However, this is not the case for most Korean global companies where people with good results and productivity will be promoted quickly – regardless of their age.

한국 기업들 내에서의 승진은 연차에 따라 결정되는 경우가 일반적이다. 대기업의 고위임원진은 보통 나이가 많은 남성들로 구성되어 있다. 마찬가지로 한국 기업에서는 어느 사무실이나 부서든지 보통 관리자들은 부하 직원보다 연장자이다.

그러나, 이는 좋은 성과를 내고 생산적인 사람을 나이에 상관없이 빠르게 승진시키는 대부분의 한국의 글로벌 기업들에는 해당하지 않는다.

52. Greeting At Inconvenient Times

바쁜 상황에도 인사한다

Korean etiquette dictates that employees always greet their superiors, even if they are engaged with someone else. In contrast, in western countries, it is considered polite to pass by a supervisor and only nod in greeting if they are busy.

한국에서는 직원이 다른 사람과 업무를 보는 중이더라도 상사를 마주치게 되면 인사하는 것을 예의가 있다고 여긴다. 반면에 서양에서는 직원들이 바쁠 때 상사를 그냥 지나치거나, 가볍게 목례만 하는 것만으로도 예의가 있다고 생각한다.

53. Not Crossing Leg In Front Of Seniors

연장자 앞에서 다리를 꼬지 않는다

Crossing your legs might be a comfortable way to sit, but this casual sitting style is considered impolite in Korea when you're sitting in front of someone who is your boss or senior. It is more inappropriate for men as Korean men customarily keep both feet on the floor. Unless you're sitting by yourself, remember that keeping both feet on the floor is good manners in Korea.

다리를 꼬는 것은 단지 편히 앉는 자세일 수 있다. 그러나 한국에서는 상사나 연장자 앞에서 이렇게 앉는 것은 격식이 없고 예의에 어긋난다고 여겨진다. 특히 한국 남성들은 관례로 두 발을 바닥에 붙이고 앉기 때문에 남성들에게 특히 더 부적절하다고 여긴다. 따라서 혼자 있지 않은 한, 한국에서는 두 발을 바닥에 꼭 붙여 앉는 것이 좋은 매너라는 것을 기억하라.

54. Not Crossing Arms While Talking

대화 중에 팔짱을 끼지 않는다

Another causal action that is generally avoided in Korea is crossing your arms in front of another person. It doesn't matter if the person you're with is younger or older, if you cross your arms while talking, this indicates that you disapprove of what the other person is saying. It can also be interpreted as a sign of sternness toward the other person.

한국에서 통용되지 않는 또 다른 격식 없는 행동은 다른 사람 앞에서 팔짱을 끼는 것이다. 이는 상대방의 나이와 관계없이, 대화 중에 당신이 팔짱을 끼고 있다면 상대방이 말하는 것을 못마땅하게 생각한다고 여겨진다. 이는 더불어 상대방에 대한 비판적인 태도로 해석될 수 있다.

55. Not Shaking Hands With Other Hand In Pocket

주머니에 손을 넣은 채로 악수하지 않는다

In Korea, it is extremely impolite to shake hands with someone while your other hand is in your pocket, especially if the person you are shaking hands with is more senior or older. This is regarded as disrespect for the other person or party. As an example of this, one time, a very famous global business leader met with the president of Korea. When he shook hands with the president, he kept his left hand in his pocket, which many Koreans took as being extremely rude.

한국에서는 한 손을 주머니에 넣은 채로 다른 사람과 악수하는 것을 심히 무례한 것으로 여긴다. 특히 상사나 연장자와 악수를 할 때는 더욱 그렇다. 이러한 행동은 상대방이나 그가 소속된 집단을 존중하지 않는다는 표현으로 간주 된다. 예를 들어, 예전에 세계적으로 알려진 기업 대표가 한 손을 주머니에 넣은 채로 한국 대통령과 악수를 한 적이 있는데 많은 한국인들은 이런 행동을 매우 무례하다고 여겼다.

56. Reading A Business Card Thoroughly Upon Receiving It

명함을 받는 즉시 꼼꼼히 읽는다

Korea has its own etiquette when it comes to exchanging business cards. Use both your hands when exchanging business cards with Koreans, and say your name and title as the exchange is taking place. It can also be accompanied by a slight bow followed by shaking hands. Be sure to thoroughly read the card before putting it away. Not reading the business card before doing so will insult the other party.

한국에는 명함을 주고받을 때 유의해야 할 예절이 있다. 우선, 한국인과 명함을 교환할 때는 양손을 사용하고, 교환함과 동시에 이름과 직함을 말한다. 또한 가벼운 목례와 악수가 동반되어야 한다. 명함을 유심히 들여다보지 않고 주머니에 바로 넣는 것은 상대방에 대한 모욕으로 보일 수 있다.

57. Working Till Late

늦게까지 일한다

It is common in Korea for some people to think that the workers who spend the most time at the office are the hardest workers. And many office workers feel that they can't leave before the boss does. Many Westerners, on the other hand, think that staying long hours at the office does not increase productivity. However, with the new Korean labor law amendments for 2021, there's a 52-hour weekly limit for private companies in Korea, so staying in the office for long hours is less common.

일부 한국인들은 직장에서 오랜 시간을 보내는 것을 열심히 일하는 것으로 생각한다. 많은 회사원들은 그들의 상사보다 먼저 퇴근할 수 없다고 생각한다. 반면, 많은 서양인들은 사무실에 오래 있는 것이 생산성을 높이지 않는다고 생각한다. 2021년 새로운 한국 노동법 개정으로 한국의 사기업은 주 52시간 근로 제한을 두고 있어, 장시간 근무하는 것이 이제는 흔하지 않다.

58. Both Christian And Buddhist Holidays Are Celebrated In Korea

성탄절과 부처님 오신날은 모두 공휴일이다

Though Korea follows the Gregorian calendar, traditional holidays are still based on the lunar calendar. For example, like most other countries, the first day of the New Year is celebrated on the 1st of January.

But one of the biggest traditional holidays takes place during *Seollal*, the Lunar New Year's Day. Most people travel to their hometowns to gather as a family and enjoy traditional foods. An interesting fact is that in Korea, people celebrate both Jesus and Buddha's birthday as national holidays.

So, when you're visiting Korea, you get to enjoy the celebrations of both Buddhist and Christian traditions.

한국은 양력을 따르지만 전통적인 명절은 여전히 음력을 따른다. 예를 들어, 대부분의 다른 나라들처럼 새해 첫날은 1월 1일에 기념한다.

그러나 가장 큰 전통 명절은 음력 새해이자 구정으로 불리는 설날이다. 대부분의 사람들은 고향에 가서 가족끼리 모여 전통 음식을 함께 즐긴다. 흥미로운 점은 한국에서는 성탄절과 부처님 오신날이 공휴일이다.

따라서 당신이 한국을 방문할 때, 불교와 기독교의 전통을 따르는 기념일을 모두 즐길 수 있다.

59. Not Wearing Shoes Inside Their House

집 안에서 신발을 신지 않는다

While wearing shoes inside the house may vary from culture to culture, Koreans are very strict about this. In Korea, shoes are never worn in the house, restaurants where patrons sit on the floor, and even hotel rooms. There is a clearly indicated spot to remove your shoes at the entrance in places where shoes are not allowed. Foreigners who have just arrived in Korea often walk in wearing their shoes, giving no thought to the consternation they are causing their host.

집 안에서 신발을 신는 것은 문화마다 다를 수 있지만, 한국인들은 이에 관해 매우 엄격하다. 한국에서는 집, 손님들이 바닥에 앉는 식당, 심지어 호텔방에서도 신발을 신지 않는다. 신발을 벗고 들어가는 곳 입구에는 신발을 두는 장소가 준비되어 있다. 한국에 도착한지 얼마 되지 않은 외국인들은 한국인 집주인이 놀랄 거란 생각을 하지 못한 채 신발을 신은 채로 안으로 들어온다.

60. Using Seal/Stamp Instead Of Signatures

서명 대신 인감/도장

Unlike many other countries, Koreans can also use a seal or a stamp instead of signatures. The unique stamp that an individual has is called *Dojang* (도장 – pronounced do-jang) in Korea.

Foreigners who come to Korea for the first time are surprised by the use of these stamps. This is because most Koreans own *dojang* that can be used instead of fingerprints or signatures. Many foreigners like to make their own *dojang* as a souvenir when visiting Korea.

많은 다른 나라들과 달리, 한국인들은 서명과 함께 도장을 사용한다. 개인이 가지고 있는 고유한 도장을 한국어로 도장이라고 부른다.

처음 한국에 온 외국인들은 도장을 사용하는 것에 놀란다. 대부분 한국인들은 지문이나 서명 대신 사용할 수 있는 도장을 소유하고 있기 때문이다. 한국을 방문하는 많은 외국인들은 기념품으로 도장을 만들어 가져가는 것을 좋아한다.

SECTION C
Fun Facts About Korea

섹션 C: 한국에 대한 재미있는 사실들

The growing fascination about the Korean Peninsula leaves many people startled about Korean culture. This section of the book covers some interesting et humorous facts about K-land. You might already be aware of some of these facts, but one thing is for sure, you'll learn way more interesting and fun facts about Korea in this section than anywhere else!

한반도에 대한 관심이 증가하면서 많은 사람들이 한국문화에 대한 놀라움을 금치 못하고 있다. 이번 섹션은 한국에 대한 흥미로우면서도 재미있는 사실들을 다루고 있다. 여러분은 이미 몇 가지 사실들을 알고 있을지도 모르지만, 한 가지 확실한 것은, 이 섹션에서 그 어느 곳에서보다 한국에 대한 흥미롭고 재미있는 사실들을 더 많이 배울 수 있을 것이다!

1. Being One Year Old When Born

태어나자마자 한 살을 먹는다

Did you know that a South Korean baby born on New Year's Eve is already 2 years old when the clock strikes 12! Yes, believe it or not, Korean age calculation might leave you startled if you have never heard this before. In South Korea, a newborn baby is already 1 year old on the day of their birth and then gets an additional year when the calendar hits the New Year. This is because in Korea, age is calculated from the day of conception. Boom!! That means you become a year or two older when you visit South Korea.

새해 전날에 태어난 한국 아기는 자정이 되자마자 이미 2살이다! 믿거나 말거나, 한국에서 나이를 계산하는 방법을 들어본 적이 없다면 놀랄 것이다. 이러한 이유는 한국에서는 나이를 아기를 가졌을 때부터 계산하기 때문이다. 그 뜻은 당신이 한국을 방문할 때 나이를 한 살 또는 두 살 더 먹는다는 것을 의미한다.

2. Asking Blood Type Is Common
혈액형을 묻는 게 일반적이다

When you meet someone for the first time, what do you usually ask them? You might discuss their hometown or maybe even their astrological sign. But in Korea, one of the most common questions to ask is "What is your blood type?" Although it is not scientifically proven, some Koreans believe that different blood types have unique personality traits that can be helpful in predicting how a person may act (for fun of course). Each of the standard blood types, A, B, AB, and O are thought to have certain characteristics such as, type As are thought to be introverted and enjoy being alone while type Bs are more energetic and extroverted. Type ABs combine the characteristics of As and Bs, giving them a dual personality. The last type, O is an all-rounder with good communication skills and friendly to all. Compatibility between types is a fun thing to talk about when beginning a new relationship and it may influence whether the relationship becomes romantic or platonic. If you meet a Korean for the first time and want to strike up a conversation, ask them about their blood type. They'll happily tell you and it might end up being an interesting conversation.

누군가를 처음 만났을 때 보통 무엇을 물어보는가? 여러분의 고향에 대해 말하거나 별자리를 물어볼 수도 있다. 하지만 한국에서 가장 일반적으로 물어보는 질문 중의 하나는 "당신의 혈액형은 무엇인가?"이다. 비록 과학적으로 증명되지 않았지만, 몇몇 한국인들은 특정 혈액형마다 사람이 어떻게 행동할지 예측하는 데 도움이 될만한 독특한 특성이 있다고 믿는다 (물론 재미로 말이다). 기본적인 혈액형, A형, B형, AB형 그리고 O형마다 각각 특징이 있다고 여겨지는데, A형은 내성적이고 혼자 있는 것을 즐기는 반면, B형은 더 활기차고 외향적이다. AB형은 A와 B를 합친 것으로 두 가지 특징을 지닌다. 마지막으로 O형은 다재다능하므로 의사소통 능력이 좋고 모두에게 친근하다. 각 유형 간의 궁합은 새로운 관계를 시작할 때 이야기하기 재밌는 주제로, 해당 관계가 로맨틱한 방향으로 발전할 여부를 정하는 데 영향을 끼칠 수도 있다. 만약 당신이 한국인을 처음 만나서 대화를 시작하고 싶다면 혈액형에 관해 물어보아라. 기꺼이 당신에게 말해줄 것이고 아주 흥미로운 대화가 될 가능성이 높다.

3. Valentine's Day Is Only For Guys

발렌타인데이는 남자들만을 위한 날이다

In most countries there is no specific rule to follow on Valentine's Day. It's just a day to show your affection to a significant other no matter if you're a man or woman. In Korea though, it's very different. February 14th is considered to be a day where women give chocolates or other gifts to men as a sign of affection. For men, their chance comes on the 14th of March, which is called 'White Day'. Usually, men would give white gifts such as white chocolate, jewelry, or clothing but nowadays it's just a day to give back to the women who gave them something on Valentine's Day.

대부분의 나라에서는 발렌타인데이에 지켜야 하는 특별한 규칙이 없다. 남자든 여자든 상관없이 좋아하는 상대에게 애정을 표현하는 날일 뿐이다. 하지만 한국에서는 다르다. 2월 14일은 여자들이 남자들에 대한 마음을 표현하기 위해 초콜릿이나 선물을 주는 날로 여겨진다. 남자들은 '화이트데이'라고 불리는 3월 14일에 기회가 주어진다. 남자들은 주로 화이트 초콜릿, 보석류, 옷과 같은 하얀 선물을 주지만, 요즘은 발렌타인데이때 본인에게 선물을 준 여성한테 보답하는 날일 뿐이다.

4. Buildings Are Missing The Fourth Floor

건물에 4층이 없다

What kind of meaning do you place on numbers? You're probably familiar with the most famous 'lucky seven'. Or the number to avoid, 'thirteen'. In Korea, the same is done with the number four. The Korean word for 'four' is pronounced 'sa', which also is the same pronunciation for the word 'death'. Though it's less prevalent nowadays, Korean buildings, especially some old ones, still do not have the fourth floor.

당신은 숫자에 어떤 의미를 부여하는가? 아마도 가장 유명한 '럭키 세븐'을 알 것이다. 또는 피해야 할 숫자, 13이 있다. 한국에서는 숫자 4가 같은 취급을 받는다. 숫자 4를 뜻하는 한국어 단어는 '사'로 발음되는데, 이는 '죽음'을 뜻하는 단어와 발음이 같다. 요즘은 흔하지 않지만, 한국의 몇몇 오래된 건물들은 아직도 4층이 없다.

5. Sarcasm? What's That?

비꼬는 거? 그게 뭐예요?

Among Westerners, especially friends, sarcasm is commonly used in conversation, often taking the form of a humorous, ironic statement (e.g. saying "Oh, that's great" to imply that a situation is not good). Koreans hardly, if ever, use sarcasm. Foreigners should avoid using sarcasm too often when interacting with Koreans as it will most likely not be understood, or worse, it may be taken literally.

서양인들 사이에서, 특히 친구들 사이 대화할 때 유머러스하고 아이러니한 문장의 형태로 비꼬는 말투를 흔히 사용한다 (안 좋은 상황을 보고 "아주 좋은데?"라고 말하는 것처럼). 하지만 한국인들은 극히 드물게, 또는 아예 사용하지 않는다. 외국인들은 한국인들과 교류할 때 비꼬는 표현을 자주 사용하지 않는 게 좋다. 잘 이해되지 않을 가능성이 높을 뿐만 아니라 문자 그대로 받아들여질 수도 있다.

6. Serving Hot Water In Restaurants

식당에서 뜨거운 물을 제공한다

In winter, you might be served hot water in a restaurant as this is quite common in Korea. While in other countries, people usually drink cold water and hot drinks are typically tea or coffee. Koreans like to drink warm to hot water on really cold days. Koreans also enjoy drinking iced drinks, even on the coldest days of the season, so you can always ask for cold water if you prefer.

겨울에 식당을 가면 뜨거운 물을 제공받을 수 있는데, 이것은 한국에서 꽤 흔한 일이다. 다른 나라에서는 사람들이 일반적으로 물이라고 하면 찬물이고, 차나 커피 인 경우 뜨거운 것을 마신다. 하지만 한국인들은 추운 날에는 따뜻한 거나 뜨거운 물을 마시는 것을 좋아한다. 하지만 아이스 음료도 계절과 상관없이 마시기 때문에 차가운 물을 원한다면 언제든지 달라고 하면 된다.

7. Coordinating Hiking Outfits

등산복을 갖추어 입는다

With 70% of its land covered in mountains, many Koreans enjoy hiking as a part of their weekend leisure activity. Mountains are a place where Koreans feel a great sense of community and togetherness. And when it comes to dressing, most Koreans wear proper hiking outfits and carry their hiking sticks along with all the necessary gear for a hike.
Sometimes you will see a group of middle-aged hikers wearing coordinated outfits to express their affinity as one group.

국토의 70%가 산으로 덮여 있기에 많은 한국인들은 주말 여가활동으로 등산을 즐긴다. 산은 한국인들이 공동체 의식과 '함께 한다'는 의식을 느낄 수 있는 곳이다. 복장에 관련해서는, 대부분의 한국인들은 제대로 된 등산복을 갖춰 입고 등산스틱과 함께 등산에 필요한 모든 장비를 챙긴다.
가끔 중장년층 등산가들이 단체복을 맞춤으로써 그룹 내의 친밀감을 표현하기도 한다.

8. Men Wearing Makeup

남자가 화장한다

While still limited, it is becoming increasingly popular for Korean men to use skincare products and wear make-up. There is still a stigma in most of the countries against men wearing make-up, but there are product lines in Korea that cater to men, including BB cream and other skincare products.

극히 일부이기는 하나, 한국 남성들이 화장하고 스킨케어 제품을 사용하는 것이 점점 인기를 끌고 있다. 대부분의 나라들에서는 여전히 남성들이 화장하는 것에 대한 거부감이 존재하지만, 한국에는 오로지 남성을 위한 BB크림과 각종 스킨케어 제품을 포함한 제품 라인이 있다.

9. When Can I Have Noodles?
언제 국수를 먹을 수 있어요?

In Korea, there is a common question that is asked of people who are not married yet. It is "When can I eat noodles?", (언제 국수를 먹을 수 있어요? – pronounced eon-je gook-su-reul meog-eul-su it-seo-yo?) which carries the meaning of asking when the person will marry. Noodles are often served after weddings as a celebratory meal. This is why, instead of asking when a person will get married, people ask when they will be offering noodles to people. It is said that there are three reasons for serving noodles at weddings. The first reason is to wish the bride and groom a long life, like long noodles. The second reason is to wish the couple a long lasting relationship, again like the long noodles. And the third reason is to wish them a smooth relationship with their in-laws, just like the noodles are smooth and easy to swallow. While wheat noodles are now widely available in Korea, in the past, wheat was not readily available, so it was reserved for making noodles for special occasions, such as a wedding or party.

한국에서는 결혼 전인 사람들에게 흔히 물어보는 말이 있다. "언제쯤 국수를 먹을 수 있나?" 라는 질문인데, 이것은 언제쯤 결혼할 것인지를 묻는 의미가 담겨있다. 결혼식 이후 축하 식사에는 흔히 국수가 제공된다. 이런 이유로 결혼을 언제 할 거냐는 말 대신 '언제 사람들에게 국수를 먹여 줄꺼냐' 라고 묻는 것이다. 결혼식에서 국수가 제공되는 이유로는 세 가지 의미가 내포되어 있다고 전해진다. 첫째는 신랑 신부가 길다란 국수가락처럼 오래 장수하기를 바라는 의미이고, 둘째는 국수 가락처럼 부부의 연이 오래 이어지길 바라는 의미이며, 셋째는 국수를 먹을 때 술술 잘 넘어가듯 고된 시집살이도 술술 잘 해나가길 바라는 마음이 담겨있다. 지금은 한국에서 국수가 흔한 음식이 되었지만, 과거에는 국수를 만드는 밀이 귀해서 결혼식이나 잔치 때 같은 특별한 날에만 먹을 수 있는 귀한 음식으로 대접받았었다.

10. Women Putting On Makeup On Public Transport

대중교통에서 화장하기

Some Korean women will sometimes apply make-up while commuting by bus or subway. For foreigners, this might seem strange because applying make-up is usually done before going out. In Korea, however, women are often seen applying their make-up while commuting to save time.

몇몇 한국 여성들은 가끔 버스나 지하철을 타고 출퇴근할 때 화장을 한다. 외국인들은 보통 외출하기 전에 화장을 다하고 나가기 때문에 이것이 이상하게 보일 수 있다. 하지만 한국에서는 여성들이 시간을 절약하기 위해 출퇴근을 하면서 화장을 하는 모습을 자주 볼 수 있다.

11. Not Saying "Excuse Me" or "Sorry" Verbally When Bumping Into Someone

누군가와 부딪쳤을 때 "실례합니다" 또는 "죄송합니다"라고 말하지 않는다

Koreans are not accustomed to verbally expressing their feelings to others. They rely on facial expressions or gestures to convey their feelings. But people in other cultures will often apologize or pardon themselves verbally when needed. It is considered common courtesy. On the other hand, some people in Korea rarely verbally say "Excuse me" or "I'm sorry" when they bump into someone. They do convey the sentiment with their eyes, but it may be too subtle for some foreigners to catch.

한국인들은 자신의 감정을 남에게 말로 표현하는 것에 익숙하지 않다. 그래서 감정을 전달할 때 표정이나 제스처를 많이 쓴다. 하지만 다른 문화권에서 온 사람들은 필요한 경우에 말로 사과하거나 용서를 구한다. 이는 기본적인 예의로 여겨진다. 반면, 일부의 한국 사람들은 누군가와 부딪쳤을때 "실례합니다"나 "죄송합니다"라는 말을 거의 하지 않는다. 눈으로 사과를 전달하려고는 하지만, 몇몇 외국인들이 알아차리기에는 너무 미묘할 수도 있다.

12. Lowest Birthrate In The World

세계 최저 출산율

In the year 2020, Korea's population declined for the first time in its history. It's not surprising considering the fact that the birth rate hit an all-time low of 0.84 births per woman that year, making it the lowest figure in the world. This is due to many factors, but one thing that is contributing greatly is the decline in the number of marriages.

Korea is now facing a predicament where advances in medical technology are increasing people's lifespan, but the birth rate is declining. What makes Korea's situation unique is the fact that this is happening much more rapidly than other countries.

2020년에 한국 역사상 처음으로 인구가 감소했다. 같은 해 출산율이 여성 한 명당 0.84명으로 사상 최저치와 더불어 세계 최저 출산율을 기록했다는 사실을 고려하면 놀라운 일이 아니다. 이것은 여러 요인들 때문일 수 있지만, 그중에도 가장 큰 영향력을 끼치는 것은 결혼하는 건수의 감소이다.

한국은 의료기술의 발달로 수명이 늘어나고 있지만 출산율은 감소하고 있는 어려움에 직면해 있다. 하지만 한국의 상황을 특별하게 만드는 것은 이러한 현상이 다른 나라들 보다 훨씬 더 빠르게 진행되고 있다는 사실이다.

13. Wearing T-Shirts With Bizarre English Expressions

이상한 영어표현이 쓰인 티셔츠를 입고 다닌다

Some Koreans wear t-shirts or jackets with bizarre English phrases without knowing the meaning. Sometimes the phrases are a source of amusement or bewilderment for visiting English speakers because the terms do not make sense or have a strange meaning. While some of the words may only be strange, some of the clothes do bear offensive messages! It may not be uncommon to see a young child wearing clothes with English curse words. For Koreans, the words or phrases are only for decoration, and they do not pay attention to the message because they don't know what it means.

일부 한국인들은 종종 의미를 모르는 영어 문구가 적혀있는 티셔츠나 자켓을 입는다. 가끔 이 문구들은 앞뒤가 맞지 않거나 의미가 이상하므로 한국을 방문하는 영어 사용자들에게 웃음을 사거나, 그들을 당황스럽게 하기도 한다. 몇몇 단어들은 이상하기만 하지만, 어떤 옷들은 모욕적인 메시지를 담고 있기도 하다! 어린 아이가 영어 욕설이 쓰인 옷을 입고 있는 것을 종종 볼 수 있을 것이다. 그러한 단어나 문구들은 단지 장식에 불과할 뿐만 아니라, 의미를 알지 못하기 때문에 관심을 두지 않는다.

14. Asking Too Many Questions

질문을 너무 많이 한다

At times, foreigners in Korea don't mind a stranger talking to them out of the blue, but they might feel overwhelmed if a Korean asks them too many questions. Every foreigner living in Korea has, without a doubt, had the same experience – being bombarded by questions. But this is because Koreans are trying to build a relationship or simply practicing their English.

가끔 한국에 온 외국인들은 낯선 사람이 갑자기 말을 걸어도 상관없어 하지만, 한국 사람이 질문을 너무 많이 하면 당혹해 할 수 있다. 한국에 살고 있는 모든 외국인은 의심할 여지 없이 질문공세를 받는 똑같은 경험을 했을 것이다. 하지만 이것은 한국인들이 친분 관계를 형성하거나 단순히 영어를 연습하려고 하는 것이다.

15. Talking About Inappropriate Topics

부적절한 주제에 관해 대화한다

Besides asking too many questions, the type of questions and comments foreigners may face in Korea may be too personal. Most Koreans will follow the same formula by asking, "Where are you from?" "How old are you?" "Why did you come to Korea?" "How long will you stay in Korea?" and "Do you have a boyfriend/girlfriend?" Other common topics Koreans may want to talk about are weight, blood type and religion. Some foreigners might feel incredibly uncomfortable talking about their age and weight, whether the other person is a stranger or an acquaintance.

질문공세를 받는 것 외에도, 외국인들이 한국에서 직면하는 질문과 논평의 종류는 극히 개인적인 것들 일 수 있다. 대부분의 한국인들은 "어디서 왔는지?", "몇 살인지?", "한국에는 왜 왔는지?", "한국에 얼마나 있을 건지?" 그리고 "남자친구 또는 여자친구가 있는지?" 와 같은 공식을 가지고 질문한다. 한국인들이 이야기하고 싶어하는 다른 흔한 주제로는 체중, 혈액형 그리고 종교가 있다. 일부 외국인들은 상대방이 낯선 사람이든 아는 사람이든 나이와 몸무게에 대해 말하는 것을 매우 불편하게 느낄 수도 있다.

16. Slurping Loudly While Eating Soup/Noodles

음식을 먹을 때 크게 소리를 낸다

"Sloosh!" "Slurp!" "Smack!" It is impossible to eat a steaming hot bowl of noodles unless one cools them with a rush of air as they enter the mouth. However, the resulting sound might annoy some foreigners, who are taught from an early age not to make noises while eating.

"후루룩!", "얌얌!", "쩝쩝!" 뜨거운 면을 입김을 불어서 식히지 않고 먹는 것은 어려운 일이다. 그러나, 그런 소리는 일부 외국인들을 짜증나게 할 수 있는데, 그들은 어릴 때부터 식사 중에 소리를 내어서는 안 된다고 교육을 받았기 때문이다.

17. Pushing Others To Drink

술을 마시도록 지속적으로 권유한다

Koreans often show their friendship by asking guests repeatedly to drink one more glass of beer or other such alcoholic beverages. Usually, the best way to refuse another drink is to not empty your glass or even place your hand over the glass when another drink is offered. Some people may not feel comfortable when they feel that they are repeatedly being insisted on doing something.

한국인들은 종종 손님들에게 맥주나 다른 알코올 음료를 한잔 더 마시도록 여러 번 권함으로써 우정을 표시한다. 보통 한 잔 더 마시라는 요청을 거절하는 가장 좋은 방법은 술잔에 술을 남겨 두거나 술을 더 권할 때 술잔을 손으로 가리는 것이다. 어떤 사람들은 무슨 일을 반복적으로 강요 받는다고 느낄 때 기분이 상할 수 있다.

18. Praising Foreigners For Trivial Things

외국인들을 사소한 것으로 칭찬하다

Foreigners living in Korea often find themselves receiving compliments about knowledge or abilities that have become second nature, such as using chopsticks or eating kimchi. This is somewhat dismaying to them because it is something that's a part of their daily lives. However, Koreans are just interested in foreigners having a curiosity for their culture and this may lead them to praise foreigners who are good at the same things they do regularly.

한국에 살고 있는 외국인들은 종종 젓가락을 사용하거나 김치를 먹는 것과 같이 이미 제2의 천성이 된 지식이나 능력을 칭찬받는다. 이것은 현재 그들의 일상생활의 일부이기 때문에 다소 황당한 일이다. 하지만, 한국인들은 외국인이 자신의 문화와 다른 한국 문화의 호기심을 가지고 한국인처럼 익숙하게 하는 모습을 보며 칭찬하게 되는 것이다.

19. Playing Rock Scissors Paper Before Deciding Anything

어떤 것을 결정하기 전에 가위바위보를 한다

Koreans choose the order of something or the 'It' person when playing games with the 'rock-scissors-paper' game. This culture continues into adulthood and so when making minor decisions as a group, they will often play rock-scissors-paper. In schools or daily life, they may decide who has to present first or who should pay after having lunch together.

한국인들은 게임을 할 때 '가위바위보'로 순서나 술래를 정한다. 이 문화는 성인이 되어서도 이어지기 때문에 사소한 결정을 내릴 때도 종종 가위바위보를 한다. 학교나 일상생활에서 사람들은 누가 먼저 발표를 할지, 또는 누가 점심값을 더 많이 낼지를 결정할 때도 가위바위보를 한다.

20. Laughing When Embarrassed

당황할 때 웃는다

When Koreans make a mistake, they often smile to conceal their embarrassment. This is often misunderstood by foreigners, who usually expect a person to look contrite. To a non-Korean, a smile on such an occasion often implies, "I have done something wrong, but I don't care." Koreans are not, however, being discourteous in this case; they are simply admitting their fault through an embarrassed or nervous laughter.

한국인은 실수했을 때 당황스러움을 감추기 위해 살짝 미소를 짓는 경우가 종종 있다. 이것은 잘못을 인정하는 모습을 기대하는 외국인들에게 종종 오해의 소지가 된다. 특히 외국인들에게 이런 상황에서의 미소는 "잘못은 했지만 별로 신경은 쓰지 않는다."라는 뜻으로 해석된다. 그러나 한국인들이 실수를 저지른 후 미소를 짓는 것은 상대방을 무시해서가 아니라 그저 당황했다거나 잘못을 인정한다는 의미이다.

21. Glued To Smartphones While Walking

스마트폰에 시선이 고정된 채로 걸어다닌다

As a leading IT country, Korea has a very high number of smartphone users. Many risks have arisen, however, due to people being glued to their smartphone while walking. Some even say there should be regulations to prevent such walking "smombies" (smartphone + zombies). Walking while looking at a smartphone can lead to accidents, from bumping into others to causing a traffic accident. In Korea, there are a number of public service videos on the subway and on buses to increase people's awareness about the dangers of being smombies.

한국은 IT 강국으로서 스마트폰 사용자 수가 매우 많다. 그러나 스마트폰에 시선이 고정된 채로 걸어 다니는 사람들 때문에 위험한 일이 많이 발생하고 있다. 이러한 '스마트폰+좀비: 스몸비'를 예방하기 위한 규제가 있어야 한다는 의견도 있다. 스마트폰을 보면서 걷는 것은 사람들끼리 부딪히는 것에서부터 교통사고로도 이어질 수 있다. 한국의 지하철과 버스에서는 '스몸비'의 위험성에 대한 사람들의 인식을 높이기 위해 많은 공익광고 영상들이 방영된다.

22. Fastest And Free Internet Around The Country

전국 어디에나 있는 초고속 무료 인터넷

When you think of South Korea what is the first thing that comes to your mind? K-Pop? K-Drama? If there is one list on which South Korea consistently ranks high, it's the list of countries with the fastest internet.

95% of the population uses the internet and Koreans enjoy one of the world's fastest average internet connection speeds. When you're in Korea, you'll never have to go far to find incredibly fast and free internet!

한국을 생각하면 제일 먼저 떠오르는 것이 무엇인가? K팝? K드라마? 한국이 지속적으로 높은 순위를 차지하고 있는 리스트가 하나 있다면, 그것은 바로 가장 빠른 인터넷을 보유하고 있는 나라 리스트이다.

인구의 95%가 인터넷을 사용하며 한국인들은 세계에서 가장 빠른 인터넷 연결 속도 중의 하나를 누리고 있다. 여러분이 한국에 있을 때는 매우 빠르고 무료로 사용할 수 있는 인터넷을 멀리가지 않아도 쉽게 찾을 수 있을 것이다!

23. Wearing Short Skirts During Winter

겨울에 짧은 치마를 입는다

Women showing their shoulders is frowned upon in Korea, especially in some rural areas, but while bare shoulders are considered scandalous, it is perfectly fine to wear short skirts and shorts in Korea. Foreigners bundled up in the wintertime may be surprised to see some Korean women walking around in short skirts.

한국, 특히 일부 시골 지역에서는, 어깨를 드러내는 여성들을 곱게 보지 않는다. 어깨 노출은 과하다고 여겨지는 반면, 짧은 치마와 반바지는 입어도 전혀 문제되지 않는다. 겨울에 옷을 껴입은 외국인들은 짧은 치마를 입고 돌아다니는 한국 여성들을 보고 놀랄지도 모른다.

24. Using Middle Finger Unknowingly

의미를 모르고 가운뎃 손가락을 사용한다

Most people never use their middle finger when pointing; it is used only as an obscene gesture. Some Koreans unknowingly use their middle finger to point at a menu, press buttons on the elevator, scroll on their smartphone, or adjust their glasses. All of this is done unwittingly because they don't know what it means and is not intended to insult anyone at all.

대부분의 사람들은 외설적인 표현을 할 때 외에는 절대로 가운뎃 손가락으로 가리키지 않는다. 몇몇 한국인들은 이러한 의미를 알지 못하고 메뉴를 가리키거나 엘리베이터의 버튼을 누르거나 스마트폰을 스크롤 하거나 안경을 조절할 때 가운뎃 손가락을 사용하기도 한다. 한국 사람들이 가운뎃 손가락을 사용하는 것은 단지 그에 대한 의미를 알지 못하고 무의식적으로 이루어지는 것이므로 상대방을 모욕하려는 의도가 전혀 아니다.

25. Only One Size Clothing

사이즈가 하나 밖에 없다

When you go shopping in small street shops in Korea, you might be surprised to find a lack of choice when it comes to sizes. There could only be one loose-fit size in those markets. This is frustrating for visitors to Korea who are looking for a variety of sizes. Though the trend is shifting to a 'free for all' size (which basically means really big), it still doesn't help people who want to find clothing that fits nicely. It is getting better with time, don't be surprised when you have to give up on a lovely article of clothing because they don't have any other size at small street shops in Korea.

당신이 한국의 조그만 거리 상점에 쇼핑을 하러 갈 때, 사이즈에 대한 선택권이 적다는 것을 알게 되면 놀랄지도 모른다. 그곳에서는 느슨한 사이즈 하나 밖에 없을 수도 있을 것이다. 이는 더 다양한 사이즈를 찾는 한국 방문객들에게 실망감을 준다. 비록 '모두에게 맞는 프리사이즈 (일반적으로 매우 큰 사이즈)'로 유행이 변하고는 있으나, 잘 맞는 옷을 찾고자 하는 사람들에게 도움이 되지 않는다. 시간이 지나며 나아지고는 있으나, 한국의 작은 거리상점에서 다른 사이즈가 없어 마음에 드는 옷을 포기하게 되어도 너무 실망하지 말길 바란다.

26. Pepero Day

빼빼로데이

Pepero Day in Korea is a day when lovers and close friends celebrate November 11th. There is a special anniversary for a snack called Pepero, which is common in convenience stores.

The reason Pepero Day is November 11th is because a Pepero looks as thin as the date (11.11). These snacks are typically exchanged among couples, but people also gift this to their friends, family members, and co-workers as a symbol of affection.

한국의 빼빼로데이는 연인들이나 가까운 친구들이 11월 11일을 기념하는 날이다. 편의점에 가면 흔하게 볼 수 있는 빼빼로라는 과자에는 특별한 기념일이 있다.

빼빼로데이가 11월 11일인 이유는 빼빼로가 날짜처럼 가늘게 생겼기 때문이다. 보통 커플들 사이에서 이 과자를 주고받지만, 애정의 상징으로 친구, 가족, 동료들에게 선물하기도 한다.

27. Having Confusing Address Systems

혼동되는 주소 시스템을 사용한다

South Korea underwent a major change in its street address system. It went from a land-lot based system to a simpler one using street names and house or building numbers. The purpose of this change was to make it easier for Koreans as well as foreigners to find their destinations. However, the land-lot number address system is still being used in some places, which is a great source of confusion. This existence of the dual address system may be very confusing when encountering it for the first time, but just remember, all you need is the street name.

한국의 주소 시스템에는 큰 변화가 있었다. 토지 기반 시스템에서 거리명과 집 또는 빌딩숫자를 사용하는 더 단순한 시스템으로 바뀌었다. 이 변화의 목적은 한국인들뿐만 아니라 외국인들도 목적지를 더 쉽게 찾을 수 있도록 하기 위한 것이었다. 하지만 여전히 지번 주소가 사용되고 있는 곳들이 있어 큰 혼란의 원인이 되고 있다. 이러한 이중 주소 시스템을 처음 접할 때는 매우 혼동될 수 있지만, 길을 찾을 때 거리명만 기억하면 된다는 것을 기억하면 된다.

28. Writing City Name First In The Address

주소를 적을 때 도시명을 제일 먼저 쓴다

The western order of writing a postal address begins with the recipient, followed by the address, and ends with the country name. But in Korea, it's the opposite with a few tweaks. Korean postal addresses begin with the country name, followed by the address line (from city to apartment number), and end with the recipient and postal code.

You might get confused with the two different address systems, but all you need to do is write down one type of address and most importantly, the postal code.

서양식 우편주소 작성 순서는 수신자와 주소를 적고 마지막에 국가명을 기록한다. 그러나 한국에서는 정반대인데 조금만 수정하면 된다. 한국의 우편 주소는 국가명으로 시작해서 주소 (도시, 아파트 호수) 그리고 수신자 및 우편 번호로 마무리한다.

이렇게 두 개의 다른 주소 형식에 헷갈릴 수 있지만, 이 중 한 가지 유형의 주소와 제일 중요한 우편 번호를 적는 것을 기억하면 된다.

29. Writing Last Name First

성을 먼저 쓴다

A Korean name is usually made up of three syllables. The first syllable is the family name and although there are a total of three, there is no middle name. When discussing Korean names in general, this name, 'Hong Gil-dong' can be used. It's a common anonymous name in Korea, like 'John Doe'. 'Hong' is the family name while 'Gil-dong' is the given name.

In international settings, however, some Koreans tend to write their names following the western standard: Given name first and family name last.

한국 이름은 보통 세 개의 음절로 이루어져 있다. 첫 음절은 성씨이고, 총 세 개이지만 가운데 이름은 없다. 한국의 이름들을 얘기할 때, 보통 '홍길동'이라는 이름을 사용한다. 그것은 'John Doe'처럼 한국에서 흔한 이름인데, '홍'이 성씨이고 '길동'이 이름이다.

그러나 국제적인 환경에서 일부 한국인들은 이름을 먼저 쓰고 성씨를 마지막에 쓰는 서양식 기준을 따라 쓰는 경향이 있다.

30. Unlocking Only One Door

출입문 한쪽만 열어 둔다

Many buildings in Korea have double-doors at the entrance. However, it is common for only one door to be unlocked, with the other door locked and labeled as fixed. This can be a little startling for foreigners, who expect both doors to be available for entering and leaving a building. Foreign visitors in Korea may be momentarily caught wondering, with only one door that opens, who should yield to whom at the narrow entrance.

한국의 많은 건물들의 출입구는 두 개의 문으로 이루어져 있다. 그러나 하나의 문만 열려있고 다른 문은 고정 표시와 함께 잠겨있는 것이 일반적이다. 건물에 출입할 때 두 문 모두 사용할 수 있을 거라고 생각하는 외국인들은 약간 놀랄 수 있다. 한국을 방문하는 외국인들은 좁은 출입구에서 다른 사람과 마주치게 되면, 누가 양보를 해야 할지 순간적으로 망설이게 될 수 있다.

31. Studying Non-Stop During Exam Period

시험기간 동안 쉬지 않고 공부한다

If you have ever watched the K-drama, Sky Castle, you'll be familiar with the intense academic pressures Korean students are subjected to. This stems from a culture that began when the country was trying to rise out of the ashes of the Korean War. Academic achievements were believed to be the single biggest factor contributing to a prosperous and successful life in the future.

This belief carries on to this day and it can especially be seen during exam periods. No matter the level of grades, students can be seen leaving school long after it is dark, participating in 'self-study sessions' or going home late after taking extra classes at academies. Studying non-stop, staying up all night during exam period has become such a cultural norm that if someone says it's their exam period, people will have pity on them.

만약 스카이 캐슬이라는 한국 드라마를 보았다면, 한국 학생들이 받는 극심한 학업 스트레스를 익히 알고 있을 것이다. 이러한 문화는 한국이 한국 전쟁의 잿더미에서 벗어나려고 할 때부터 비롯되었다. 당시엔 학업 성취도가 미래의 번영과 성공적인 삶에 기여하는 가장 큰 요소라고 믿었다.

이 믿음은 오늘날까지 이어져 왔는데 특히 시험 기간에 잘 확인할 수 있다. 학년과 관계없이, 학생들은 '자율학습'에 참여한 후 밖이 어두워지고 한참 지나고 나서야 학교를 떠나거나, 학원에서 보충 수업을 받은 뒤 늦게 집으로 가는 모습을 볼 수 있다. 쉬지 않고 공부하며 시험 기간 동안 밤을 새우는 것이 너무 일반적인 문화가 되어서 만약 누군가가 시험 기간이라고 말한다면, 사람들은 그들을 가엾게 여길 것이다.

32. Putting A Korean Spin On International Foods

해외 음식을 한국 스타일로 요리한다

There are plenty of Korean-fusion dishes that are amazing, such as sweet and spicy bulgogi tacos. However, there is a Korean trend of making international foods sweeter. Garlic bread, pasta, and potato chips are just a few examples. Another Korean food trend that some Westerners find odd is putting ketchup on salads and mayonnaise and corn on pizza.

매콤 달콤한 불고기 타코와 같이 맛있는 한국 퓨전 요리들이 많다. 하지만, 해외 음식을 달콤하게 만드는 한국 특유의 트렌드가 있다. 마늘빵, 파스타, 그리고 감자칩이 그 예다. 몇몇 서양인들이 이상하게 여기는 또 다른 한국 음식 트렌드는 샐러드에 케첩을 뿌리고 피자에 마요네즈와 옥수수를 뿌리는 것이다.

33. Wearing Sandals With Suits

정장차림에 샌들을 신는다

Many Korean office workers remove their shoes when in the office and wear slipper-like sandals while working. They do this to be more comfortable. For foreigners visiting a Korean office, this may appear strange as sandals don't go with formal attire.

한국의 많은 회사원들은 사무실에서 더 편하게 일하기 위해 구두를 벗고 샌들 같은 슬리퍼를 신는다. 샌들은 정장과 어울리지 않기 때문에 한국 사무실을 방문하는 외국인들에게는 이상하게 보일 수 있다.

34. Closing Eyes During A Meeting

회의 중에 눈을 감고 있다

In Korea, some people believe that closing their eyes helps them to concentrate, but it may seem discourteous to non-Koreans who generally do not close their eyes during a meeting. To do so would be to imply that they have no interest in the topic. Young students in some countries caught with their eyes shut can expect a sharp rebuke from the teacher.

일부 한국인들은 눈을 감고 있으면 집중하는 데 도움이 된다고 여긴다. 하지만 외국인과 미팅 중에 눈을 감고 있으면 무례한 행동으로 보일 수 있다. 왜냐하면 외국인들에게 눈을 감는 행동은 해당 주제에 관심이 없다는 것을 의미하기 때문이다. 몇몇 국가에서는 학생들이 눈을 감고 있는 모습이 적발되면 교사로부터 심한 꾸중을 들을 수 있다.

35. Not Having Joint Bank Accounts
공동 은행계좌를 만들지 않는다

Many couples in other countries will have a joint bank account after they get married. It may or may not be the primary bank account for each spouse, but it is a way to pool money together for shared expenses. However, it is legally impossible to open a joint bank account with anyone in Korea. Although both spouses may use the same account, it can only be under one person's name. It is because the banks have to follow Korea's real name policy to track where the money is coming from.

다른 나라의 많은 커플들은 보통 결혼한 후에 공동 은행 계좌를 만든다. 각 배우자의 주통장이 아닐 수도 있지만, 공동경비를 위해 돈을 모으는 방법이다. 하지만 한국에서는 공동계좌 개설이 법적으로 불가능하다. 두 배우자 모두 같은 계좌를 사용할 수 있지만, 한 사람의 명의로만 개설이 가능하다. 이는 은행들이 돈의 출처를 확인하기 위해 한국의 실명제를 따르기 때문이다.

36. Calling Significant Other "Brother"

연인을 "오빠"라고 부른다

Usually people have a slew of pet names they may call their significant other, but 'brother' or 'sister' is never on the table. In Korea, many young women will call their significant others oppa (the same word for 'older brother'). It may sound extremely strange to foreigners, especially if you are watching a K-drama, but for Koreans, it merely means that they are referring to their partner as someone older or wiser than them. It's a way to show respect in a cutesy way.

보통 사람들이 연인을 부르는 애칭이 다양하다고는 하지만, '오빠' 나 '누나'라는 호칭을 사용하는 사람들은 많지 않을 것이다. 하지만 한국에서는 많은 젊은 여성들이 남자 친구나 남편을 나이가 더 많은 남자형제를 뜻하는 '오빠'라고 부른다. 외국인들에게, 특히 K-드라마를 볼 때 애인을 '오빠' 라고 칭하는 것이 이상하게 보일 수 있다. 하지만 한국인들에게는 단지 연인이 자신보다 나이가 많거나 더 현명한 사람이라는 것을 의미한다. 귀엽게 존중을 표하는 방법이다.

37. Not Wearing Colorful Clothes

컬러풀한 옷을 입지 않는다

K-pop music videos and K-dramas are full of people wearing colorful clothes and unique outfits. However, most Koreans do not dress like celebrities in music videos or TV shows. Instead, they generally prefer to dress in more neutral colors. Foreigners who are K-pop fans, coming to Korea and expecting to see bright fashion may be a tad disappointed.

K-Pop 뮤직비디오나 K-드라마에는 화려한 옷과 독특한 의상을 입은 사람들이 많다. 하지만 대부분의 한국인들은 뮤직비디오나 TV 쇼에 나오는 연예인들처럼 옷을 입지 않는다. 대신, 좀 더 보편적인 색상의 옷을 입는 것을 일반적으로 선호한다. 한국에 와서 화려한 패션을 기대하는 외국인 K-Pop 팬들은 약간 실망할 수도 있다.

38. Following Trends

트렌드를 따른다

Younger generations in Korea are usually very trendy and fashion-forward, especially in the Gangnam, Sinsa, or Apgujeong areas. Whenever a fad booms in Korea, it'll really boom. A few years ago, many younger women wore hair curlers in their bangs as a fashion statement. And, some of them are still into it. For the past few years, nearly everyone has worn long padded coats in the brutally cold Korean winters. Although the padded jackets are fashionable and functioning, the craze and rush to buy the jackets were staggering to expats living in Korea.

한국의 젊은 세대는 매우 트렌디하고 유행을 한 발 앞서는데 특히 강남, 신사 또는 압구정 지역에서 더욱 그렇다. 한국은 한번 유행이 시작되면 제대로 유행한다. 몇 년 전, 젊은 여성들이 유행에 따라 앞머리에 헤어롤을 꽂고 다녔고 아직도 이 유행을 따라하는 사람들이 있다. 지난 몇 년 동안 거의 모든 사람들이 겨울에 롱패딩을 입었다. 롱패딩이 멋지고 기능적이긴 하지만 이를 사기 위한 한국인의 구매 열풍은 한국에 살고 있는 외국인들에게는 놀랍게 느껴졌을 것이다.

39. Getting Plastic Surgery

성형수술을 받는다

Plastic surgery still has a negative reputation in quite a few cultures, despite becoming more popular. However, some young people in Korea think otherwise. Some Koreans see cosmetic surgery as a means to improve a person's prospects in life.

성형수술은 인기가 더 많아졌음에도 불구하고 몇몇 문화권에서는 여전히 부정적으로 인식되어지고 있다. 하지만 한국의 몇몇 젊은이들은 이를 다르게 생각한다. 일부 젊은이들은 성형수술을 한 사람의 미래를 밝게 해주는 수단으로 보고 있다.

40. Clapping While Laughing

웃으면서 박수를 친다

In Korean dramas and TV shows, you can see Koreans clapping while laughing when they hear a funny story or watch a humorous scene.

Clapping is regarded as a sign of great sympathy and an unconscious expression of agreement towards the other person.

한국 드라마나 방송에서는 한국인들이 웃긴 말을 들었거나 재미난 장면을 봤을 때 웃으면서 박수를 치는 모습을 볼 수 있다.

박수를 치는 행위는 상대방의 유머에 크게 공감한다는 표시이기도 하고 상대방에 동조하고 있다는 것을 무의식적으로 표현하고 있는 것이다.

41. Sitting On The Floor And Not The Sofa

소파가 아닌 바닥에 앉는다

Most Korean families have a culture of sitting on the floor, so they take off their shoes at home. In the winter, some people sit on the floor and not on the sofa because it is warmer due to the floor heating. Even if there is a sofa in the living room, some Koreans sit on the floor and lean back on the sofa while watching TV.

You can also see some Koreans sitting in front of the sofa in scenes showing daily lives in Korean dramas and movies.

대부분의 한국 가정은 좌식문화를 가지고 있어서 집안에서는 신발을 벗고 생활한다. 겨울에는 방 바닥에 난방을 하기 때문에 바닥이 따뜻하여 소파가 아닌 바닥에 앉는 경우도 있다. 거실에는 소파가 있어도 소파 앞에서 앉아 기대어 TV를 시청하는 사람들도 일부 있다.

한국 드라마나 영화에서도 일상생활을 보여주는 장면에서 한국인들이 소파앞에 앉아 있는 모습들을 가끔 볼 수 있다.

42. Turning The Rearview Mirror Away

룸미러를 돌려놓는다

Once, an American guest was picked up by a corporate vehicle in Korea. The chauffeur, after he sat behind the steering wheel, turned the rearview mirror so that the American could not see the driver's eyes. The American was surprised by this behavior and thought the driver was rude. The driver, however, was simply following the etiquette for chauffeurs by not making eye contact with his passenger. This etiquette does not apply to cab drivers who believe they have to watch their passengers.

한번은 회사 차량으로 한 미국인 손님을 태우게 되었다. 운전기사는 운전대에 앉은 후 미국인과 눈이 마주치지 않도록 룸미러를 돌렸다. 그 미국인 손님은 운전기사의 행동에 놀라움을 나타내고 무례하다고 생각했다. 운전기사는 단지 예의상 손님과 눈을 마주치지 않기 위한 행동이었다. 그러나 이런 행동은 승객을 주시해야 하는 택시에서는 해당되지 않는다.

43. Not Writing Anyone's Name In Red

빨간색으로 사람 이름을 쓰지 않는다

When I first entered my hotel room in Frankfurt many years ago, I was shocked to see my name written in red. Although this was the welcoming message from the hotel, I immediately called the management to have the color of my name changed. In Korea, names are written in red only after one is deceased. Foreigners have no problem with names written in a variety of colors, but when in Korea, never use a red pen to write someone's name.

나는 수년 전 프랑크푸르트에 있는 호텔 방에 도착했을 때 내 이름이 빨간색으로 쓰여진 것을 보고 충격을 받았다. 비록 호텔에서 보내온 환영 메시지였지만 나는 즉시 관리자에게 내 이름의 색깔을 바꿔 달라고 전화했다. 한국에서는 죽은 사람의 이름만 빨간색으로 적는다. 외국인들은 다양한 색깔로 이름을 적는 것에 문제가 없지만, 한국에 있을 때는 절대로 다른 사람의 이름을 빨간펜으로 쓰지 마라.

44. A Seat For The Elderly And Pregnant Women

노약자석과 임산부 배려석이 있다

On Korean subways and buses, there are yellow seats designated as "seats for the elderly and the infirm" and pink seats for pregnant women. Young people do not sit in the yellow seats and the pink seats are left empty for expecting mothers. In addition, there are frequent campaign broadcasts on the subway that encourage people to leave the seats for elderly and pregnant women empty. However, some foreigners who are new to Korea might not be aware and take these seats.

한국의 지하철이나 버스에는 의자에 노란색으로 표시된 '노약자석'과 핑크색으로 표시된 '임산부 배려석'이 있다. 젊은 사람들은 노란색으로 표시된 노약자석에 앉지 않으며, 핑크색 '임산부 배려석'은 임신부를 위해 비워둔다. 또한 지하철에서는 노약자석과 임산부 배려석을 비워두도록 안내하는 캠페인 방송을 자주 들을 수 있다. 그러나 한국을 처음 방문하는 외국인일 경우, 이 사실을 모른채 앉을 수도 있다.

45. Riding Two-Wheelers On The Sidewalk

보도 위로 이륜차를 타고 다닌다

Most motorcycles and scooters in Korea are used to make deliveries and they are always on the go. They are sometimes driven on sidewalks in apparent disregard for pedestrians. Some foreigners and many Koreans find this annoying and even dangerous. They feel there is no sanctuary from inconsiderate drivers, even on sidewalks, which are supposed to be only for pedestrians.

한국에서 대부분의 오토바이나 스쿠터는 배달하는데 사용되며 항상 정신없이 바쁘다. 일부는 종종 행인들을 무시하고 보도 위로 운전한다. 몇몇 외국인들과 많은 한국인들은 이런 행동에 짜증이 나고 심지어 위험하다고 생각한다. 그들은 당연히 보행자들만 이용해야 할 보도 위에 분별없는 운전자들로부터 보호받지 못한다고 느낀다.

46. Using Reverse 'V' Sign Unknowingly

자신도 모르게 역방향 'V'표시 제스처를 한다

The 'V' sign, which started as a symbol of victory or peace - is used by many Koreans while taking pictures. While most of the Koreans use this as a 'V' sign only, rather than a 'peace' sign; some of them unknowingly do the reverse V sign (with their index and middle finger held up with their palm facing towards them). The reverse V sign, which is merely done unknowingly by Koreans is an obscene gesture and must be avoided, especially in international settings.

승리나 평화의 상징으로 시작된 'V'표시는 많은 한국인들이 사진을 찍을 때 사용한다. 한국인들은 주로 이것을 '평화'가 아닌 'V'자 표시로만 사용하지만, 일부 한국인들은 자신도 모르게 (V자 표현을 할때 손등이 상대방에게 안보이도록 주의 해야된다) 역 V자 표시를 한다. 한국인이 모르고 하는 역 V 제스처는 외설적인 제스처이며 특히 국제 무대에서 피해야 한다.

47. Never Smoking In Front Of Elders

연장자 앞에서 절대로 담배를 피우지 않는다

In Korea, one does not smoke in front of an elder, even if the older person is smoking. It is considered rude. Many foreigners, who are not aware of this, are prone to do so without being aware that it can be offensive to older Koreans.

한국 사람들은 연장자가 담배를 피운다 하더라도, 그 앞에서는 절대 담배를 피우지 않는다. 이것은 몹시 예의없는 행동으로 여겨지기 때문이다. 이를 모르고 있는 많은 외국인들이 자신의 행동이 나이 든 한국인들이 불쾌해 할 수 있다는 사실을 깨닫지 못한 채 담배를 피우는 경우가 있다.

48. Fighting!!

화이팅!!

Fighting (파이팅 – pronounced pha-i-ting) or (화이팅 – pronounced hwa-i-ting) is a Korean expression meaning encouragement and support. In English, it simply translates to "Way to go" or "Go for it". It's usually used when playing sports, facing a challenge, or encouraging someone in difficult situations.

In a similar sense to *Fighting*, there is the expression *aja aja* (아자 아자 – pronounced aja-aja). This expression can be seen mainly in K-dramas or K-movies. *'Fighting'* in Korean is definitely not actual *fighting* from English.

"파이팅" 또는 "화이팅" 은 격려와 응원을 뜻하는 한국식 표현이다. 영어표현으로는 "힘내자" "할 수 있다" 이다. 보통 스포츠 경기를 할 때 또는 무언가에 도전할 때, 혹은 힘든 상황에 처한 사람에게 힘을 북돋아 줄 때 사용한다.

파이팅과 비슷한 의미로 "아자 아자"라는 표현이 있다. 이 표현은 한국 드라마나 한국 영화에서 주로 볼 수 있다. 한국식으로 표현하는 파이팅은 영어 '싸우다' 와는 확실히 다르다.

49. Low Theft Rate in Public Places

공공장소에서의 낮은 도난율

In Korean coffee shops, restaurants, and public libraries, valuables such as smartphones, laptops, and bags rarely disappear even if you are away for a while. People won't touch your item especially if it is expensive. Also, lost items can be found in Korean subways, buses, or parks at the lost and found center.

However, this does not mean you should not manage your valuables well while traveling in Korea.

한국의 커피숍이나 식당, 공공도서관에서 잠시 자리를 비워도 스마트폰이나 노트북, 가방 등 귀중품이 없어지는 경우는 드물다. 특히 비싼 물건일수록 손을 대지 않는다. 또한 한국 지하철이나 버스 또는 공원 등에서는 분실물 센터가 운영되어 분실한 물품들을 찾을 수도 있다.

그렇다고 한국을 여행하는 동안 일부러 귀중품을 허술하게 간수해서는 안 된다.

50. Everyone is Millionaire in Korea

한국에서는 모두가 백만장자이다

The number of zeros in the Korean currency unit is so large that to foreigners, all Koreans seem to be as millionaires. For those who don't want to get in complexities of counting zeroes, just remember that about $850 equals 1,000,000 Won.

In the Squid Game series, the winner of the game received 45,600,000,000 won which is about $38,000,000. Definitely a mind boggling amount, but this is due to the difference in monetary units between the Korean Won and the USD.

한국 화폐 단위의 0의 개수가 많아서 외국인들에게는 모든 한국인이 백만장자로 보일 수 있다. 국제 환율의 복잡성을 피하고 싶다면, 대략 850달러는 1,000,000원인 것을 기억하면 된다.

넷플릭스 시리즈 오징어게임 우승자는 45,600,000,000원을 받았지만, 환산하면 38,000,000달러이다. 이러한 거대한 액수는 한국 원화와 달러의 화폐단위 차이 때문이다.

Land of Squid Game
Korean Games, Culture & Behavior
한국 전통 게임과 문화 그리고 행동

First Published December 2021

Author: Min Byoung-chul
Publication Date: December 20, 2021
Issued By: BCM Publications
           bcmin.assistant@gmail.com
           +822-535-3156

- All books can be purchased at bookstores.
- Online orders can be made via phone call, email or on Amazon.
- No parts of this book may be sold or copied without the Author's permission.

To get in touch with the author, scan the QR code below:

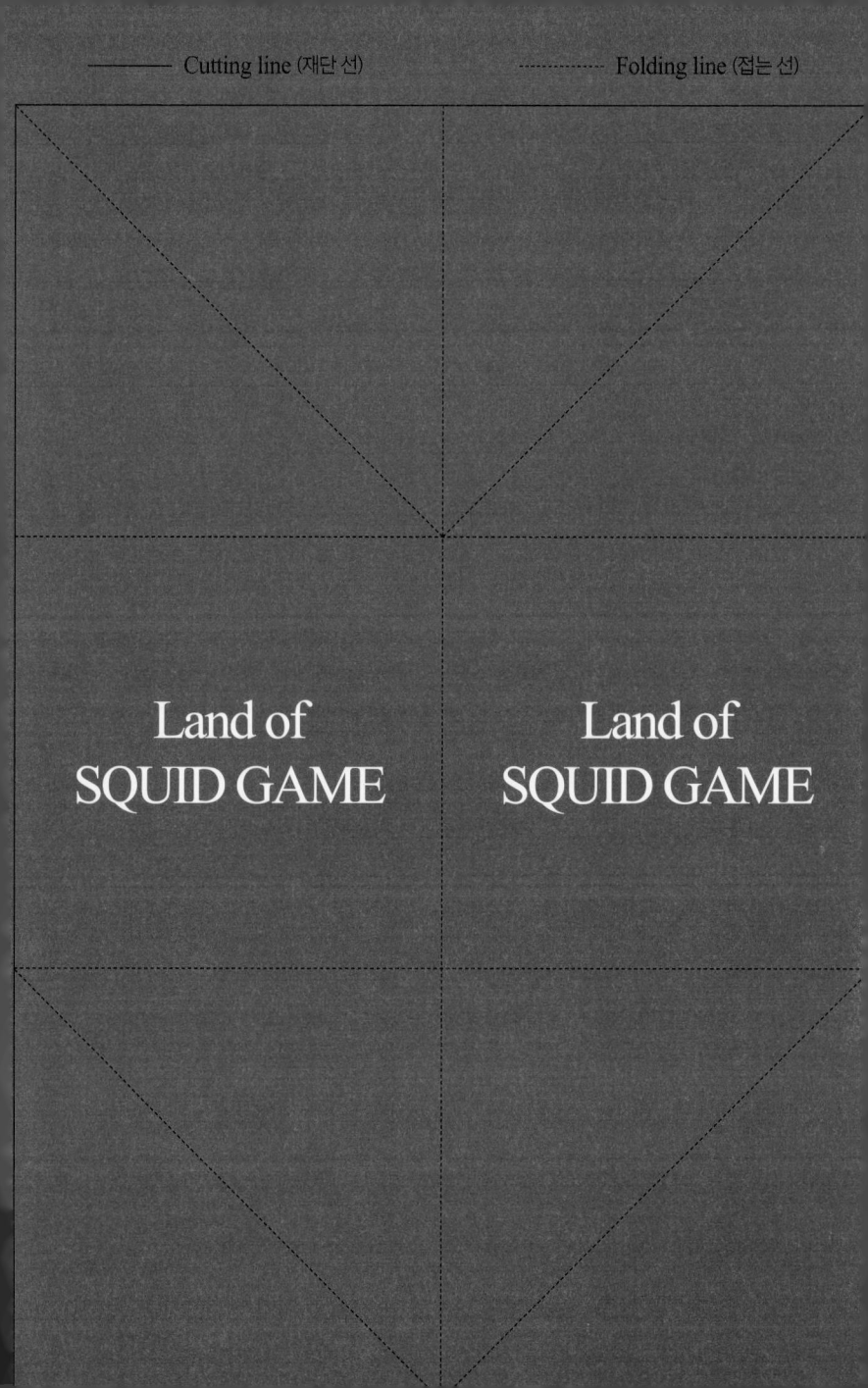

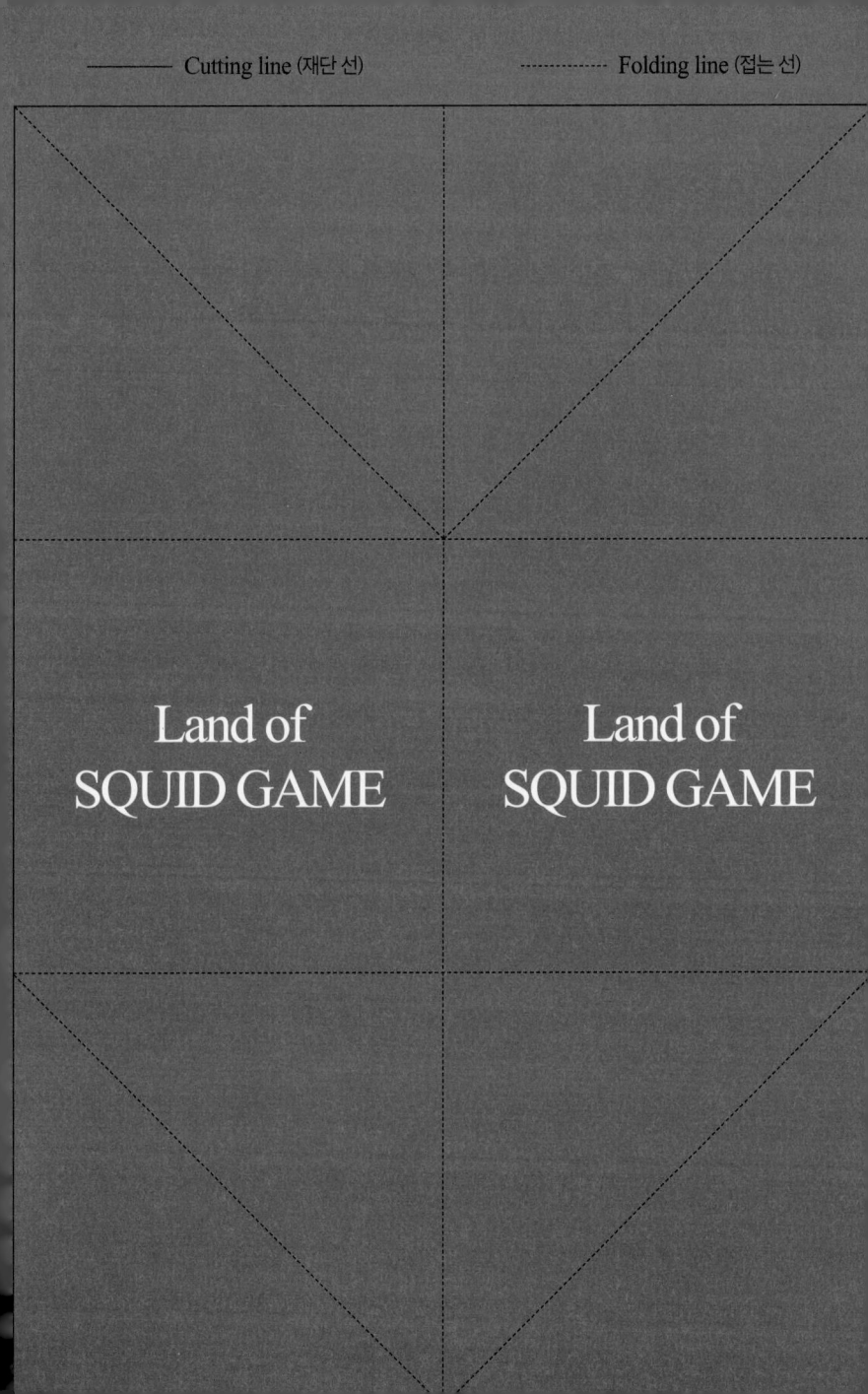